卓越供应链管理

以一套计划驱动全链提效

—— 姜 珏◎著 ——

中国铁道出版社有限公司
CHINA RAILWAY PUBLISHING HOUSE CO., LTD.

2024年·北京

图书在版编目（CIP）数据

卓越供应链管理：以一套计划驱动全链提效/姜珏著. —北京：
中国铁道出版社有限公司,2024.1
ISBN 978-7-113-30671-7

Ⅰ.①卓… Ⅱ.①姜… Ⅲ.①企业管理-供应链管理 Ⅳ.①F274

中国国家版本馆 CIP 数据核字（2023）第 207181 号

书　　名：卓越供应链管理：以一套计划驱动全链提效
　　　　　ZHUOYUE GONGYINGLIAN GUANLI：YI YI TAO JIHUA QUDONG QUAN LIAN TIXIAO
作　　者：姜　珏

责任编辑：郭景思　　　　编辑部电话：(010) 51873007　　　　编辑邮箱：guojingsi@sina.cn
封面设计：**WONDERLAND** Book design
　　　　　仙境 QQ:344581934
责任校对：苗　丹
责任印制：赵星辰

出版发行：中国铁道出版社有限公司（100054，北京市西城区右安门西街 8 号）
网　　址：http://www.tdpress.com
印　　刷：天津嘉恒印务有限公司
版　　次：2024 年 1 月第 1 版　　2024 年 1 月第 1 次印刷
开　　本：710 mm×1 000 mm 1/16　印张：14.25　字数：226 千
书　　号：ISBN 978-7-113-30671-7
定　　价：69.80 元

书　荐

受外部因素的影响,供应链在过去几年里获得了大量关注。如今,虽然受到地缘政治和全球经济大环境的影响,但供应链依然是一个热门话题。尽管我们想要提高企业供应链管理的能力,却苦于不知从何入手。供应链是一套复杂的、相互影响的系统,如果从某个模块入手,可能无法改善整体的绩效。姜老师的这本新书帮助我们打开了构建卓越供应链运营体系的大门。

想要搭建出一套供应链体系,首要的工作是画出一张设计蓝图。姜老师使用了卓越供应链管理框架图,把本书重点内容展示出来,然后按照从整体到局部,从战略到执行的顺序逐个进行了介绍,使得全书内容条理清晰,节奏明快。

有别于其他的专业书籍,姜老师并没有给出大段的名词概念。许多供应链管理的定义是抽象的,如何应用在日常工作中是一个难点。姜老师在书中使用了通俗易懂的语言,真实的案例和小明的成长故事来阐述各个供应链职能的工作范围、核心要点和应对之策。

姜老师根据他近几年从事咨询辅导的经历,把所见、所闻、所想汇集在一起,然后给出他的解决方案。看得出来,姜老师是一位勤于思考、喜欢钻研问题的实战派专家。供应链管理的问题都源于企业在运营中遇到的各种痛点,包括高库存、低交付率、产销难协同、信息不通畅,等等。只有亲临现场、躬身入局才能真正地帮助企业和客户解决一个又一个的难题,重新梳理供应链体系,构建卓越的运营框架。

更加难能可贵的是,姜老师在繁重的咨询和培训的工作中笔耕不辍,持续输出内容,他的超强的自律精神让人敬佩。

供应链管理是在动态发展的,一些经典的模型和案例未必能适用于当今的环境。新的商业模式和业态层出不穷,原有的理论可能跟不上快速发展的时代,只有持续学习,保持旺盛的求知欲才能做到与时俱进。不管是职业经理人,还是专业的咨询师、培训师,都应秉持终身学习的信念,否则就会陷入"刻舟求剑"的思维定式。

最后,我强烈建议所有的企业家、高层管理者和供应链从业人员都阅读本书,相信各位都能从中找到解决供应链难题的途径。

卓弘毅　美资汽车零部件公司供应链经理

读完了姜老师的《卓越供应链管理：以一套计划驱动全链提效》，颇有收获。该书理论结合实际，场景结合案例，模型结合数据，价值颇大。书中有很多场景和故事，把枯燥的供应链说得很鲜活，很有趣，故推荐每一位供应链从业者都要一睹这本书的风采。

孔令华　和君咨询合伙人

随着大数据、人工智能等新兴技术的广泛应用，供应链正在迅速向数字化、智慧化方向发展。供应链管理也逐渐成为众多领先企业实践的核心，构建一套能够全面引导供应链的计划能力变得至关重要。在本书中，姜老师详细阐述了供应链管理的概念、战略、产销协同及数字化等方面的内容。

与作者之前的作品相似，本书融入了大量生动的案例，使读者能够深入理解和把握。它不仅总结了来自实践的经验，还对未来做出了前瞻性的思考。我坚信本书将对广大读者有所启发和帮助，因为它源自实践，必然能够指导实践的实施。

金勇　西门子战略采购总监　智能基础设施集团全球价值采购亚太办负责人

在这部著作中，姜老师巧妙地将供应链管理的理论知识与中国企业的实际供应链环境相结合。通过理论阐述、最佳实践揭示、生动的情景再现、互动式的对话问答、深入浅出的案例分析，以及引人入胜的人物故事等多种形式，使内容生动而易于理解。书中着重介绍了卓越供应链的核心运营和协同机制，恰好与 SCOR 模型的最新版本相呼应。

我期望这本书的出版能够为更多中国企业在供应链管理领域提供坚实的支持，并助力他们寻找并实施有效的解决方案。

俞志敏　思考猫-SCOM 供应链与运营经理人俱乐部

前 言

唯有刷新认知，才能构建卓越供应链

字节跳动创始人张一鸣先生说过："认知是一个人或一个公司的核心竞争力。你对于事情的理解，就是你在这件事情上的竞争力。"

提起对供应链管理的认知，近几年很多企业家有了根本性的转变。随着销售需求日趋复杂，供应网络日趋庞大，行业竞争日趋激烈，越来越多的企业家发现以往"接一张订单、买一批材料、排一次生产"的单一供应模式已经完全无法适应客户当下的需求，因为客户只会关心：

(1)相同的产品，你的价格更低吗？

(2)相同的价格，你能更快到货吗？

(3)相同的价格和交期，你能供应多少数量？

面对这三个问题，很多企业家才恍然大悟，原来供应链管理才是企业的核心竞争力，尤其从 2020 年开始，很多不重视供应链管理的企业面临一方面销售订单激增，另一方面产能爆满、原材料短缺以及供应商不愿配合的尴尬局面，导致企业屡屡错失难得的商机，只能眼看着供应链管理更加到位的竞争对手做大做强。

那么，面对如此复杂的环境，企业应该如何提升供应链管理水平，真正将供应链管理打造成企业的核心竞争力呢？

我清楚地记得，在辅导第一家企业提升供应链管理水平时，有一位高管说："供应链管理就是供应链运作参考模型(supply chain operations reference, SCOR)。"

SCOR 模型如图前-1 所示。

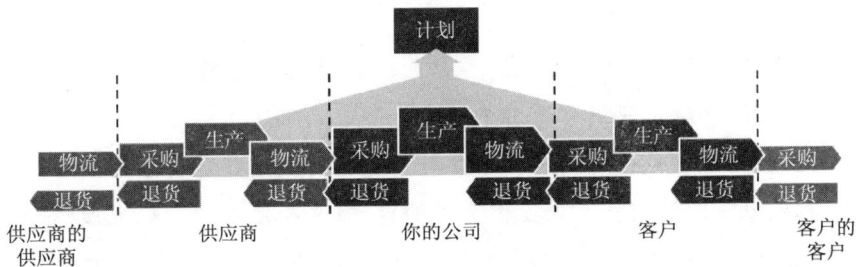

图前-1　SCOR 模型

我立即发表观点："提升集成供应链管理水平不能只靠 SCOR 模型，还要根据企业的发展战略、供应链的发展战略和供应链的管理能力设计恰当的规则、机制和方法，从而解决企业供应链管理的实际问题。"

看到这位高管若有所思，我趁热打铁说："看看你们公司现在有几个计划了？销售只是在凭主观想象和经验做预测，总经理经常缺席产销协同会，主计划的展望期短于累计生产期，采购居然不主动给供应商下发预测，将物料的跟单职能居然放在生产部，成品安全库存量和物料安全库存量全凭领导的经验估计，没有对供应链中各主要环节设立绩效指标，也就是说，从计划、执行到绩效考核，你们各自为战、乱成一团，根本无法形成从销售计划到产品交付的一整套计划，而是被各职能部门分割成若干互不相关的计划。遇到问题，各职能部门间只会互相扯皮，无法协同，公司只有准备大量的物料、半成品和成品库存做缓冲才能抵消各段计划脱节的影响，导致整条供应链都在低效运转，体现为库存高企、响应速度慢、可视化不足，这样下去很危险。"

企业供应链管理的典型问题如图前-2 所示。

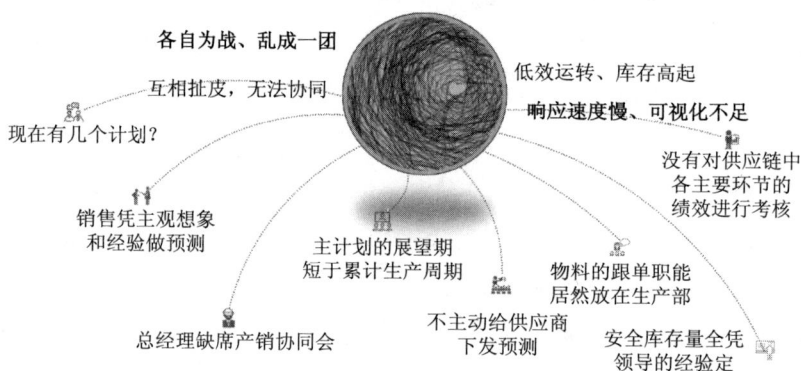

图前-2　企业供应链管理的典型问题

高管点点头，问："应该怎么办？"

"你们要将供应链管理从各部门各自为战的传统供应链管理水平提升到以一套计划为核心的卓越供应链管理水平。

卓越供应链管理是指对供应链中各环节存在的问题建立有效的业务规则和协同机制，实现由一套计划贯穿企业供应链的内部（是指销售、计划、生产、采购、仓储和物流）和外部（是指客户的计划和供应商的计划，以及客户的客户的计划和供应商的供应商的计划）的一套综合管理方法，从而降低供应链的交付周期和安全库存,再通过数字化技术增加供应链管理的响应速度和可视化程度,使得企业的供应链管理水平达到行业领先甚至世界领先水平。"

所幸,在辅导几家企业成功搭建卓越供应链之后,我将企业在向卓越供应链转型过程中面临的共性问题加以总结写成本书。本书通过情景再现、对话问答、案例分析、人物故事等通俗易懂的表达方式介绍卓越供应链的业务规则和协同机制,从而解决企业在供应链转型中遇到的共性问题。

需要说明的是,本书的重点不是介绍已经存世几十年、在百度或很多书籍可以查到的供应链管理经典知识、理论和模型,而是一部适应企业当下和未来需要的实践手册,旨在帮助个人和企业将传统的供应链管理水平提升到卓越的供应链管理水平,并为下一步的数字化转型打好基础。

我的前两部专著《采购与供应链管理:采购人1000天的奇迹》和《卓越领导力:实战型采购专家手把手教你做管理》中的主人公小明将再次登场。本次故事将聚焦于天波公司的供应链管理,小明将运用卓越供应链管理方法,逐一解决供应链管理中的痛点和要点问题。经过六个月的努力,小明最终带领天波公司的供应链管理团队成功完成从传统供应链管理向卓越供应链管理的转型升级。

通过这个故事,我想激励每一位读者将所学应用于实践,真正提升个人的供应链管理能力和企业的供应链管理水平。小明在故事中的经历将为大家提供宝贵的经验和启示,帮助大家应对供应链管理中的挑战和难题。

本书适合企业家、供应链管理高管、供应链管理从业者、采购从业者以及想要学习先进供应链管理方法与实践的朋友阅读。如有偏颇之处,请您不吝赐教。

姜 珏

2023.11.30 大连

目　录

第一章　供应链管理入门知识

2019 年的夏天,笔者应邀来到深圳,向一百多位学员讲授"供应链管理实战"课程。课后,就在笔者沾沾自喜于热烈的课堂氛围和颇有启发性的问答时,一位年轻的学员提问:"老师,你的课讲得很好。但是,我还是不明白什么是供应链管理。采购管理是供应链管理吗? 物流管理也是吗?"那时那刻,笔者突然意识到,对于很多人来说,供应链管理是一个十分陌生的字眼。在此后的一段时间里,为了让读者明白什么是供应链管理,为什么对企业重要,笔者整理资料,写就本章。

本章将从供应链管理的工作场景入手,介绍供应链管理是个什么活、协同对于供应链管理的重要性以及供应链金融服务的由来和现状,帮助大家充分理解供应链管理管什么、如何管和与之相关的金融服务有哪些。

第一节　供应链管理是个什么活

一大早,当采购员小静顶着黑眼圈来到办公室,心里抱怨最近加班太多时,计划员却突然来到小静的工位,劈头盖脸地责问:"供应商把这批零部件发到哪里了?十点前必须到厂!"

小静没有立即回答,而是起身打算先接一杯水再向供应商询问进度。

看到小静不紧不慢的样子,计划员忍无可忍,不顾场合地大声咆哮:"就是你把时间浪费了,如果十点不到货,你自己向厂长解释!"

说完,计划员拂袖而去,而小静却愣在工位上,有一肚子说不出的委屈。

这就是采购眼中的计划,不通人情、蛮横无理。

这就是计划眼中的采购,不顾供应链的利益,做事拖沓。

"本是同根生,相煎何太急?"

其实无论计划还是采购,都是供应链管理的下属部门。

想要了解彼此,协同合作,我们需要理解供应链管理到底是个什么活。

首先,让我们理解供应链的概念。

简单来说,供应链是由市场供需关系连接起来的企业间的链条,包含信息流、物资流和资金流,俗称"三流",具体如图 1-1 所示。

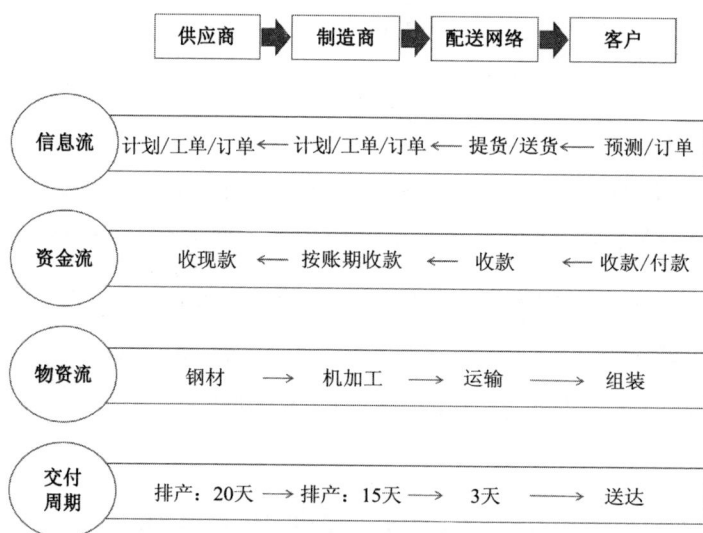

图 1-1 三流:信息流、物资流和资金流

其中,信息流是三流的源头,触发物资和资金的流动。

例如,供应商只有在收到订单(需求信息)后,才能排产和发送物料;制造商只有在收到供应商回签的订单后,才能支付预付款。

请大家注意,在图 1-1 的最后一行,有一个交付周期——合计 38 天,它是从制造商的角度,将来料天数(供应商的排产天数和运输天数的总和)20 天、排产天数

(制造商的物料入库检验前置期、生产周期和物流准备期的总和)15 天和配送天数 3 天求和得到的,极其重要。

因为企业间的竞争就是供应链间的竞争,而供应链间的竞争,主要取决于相同成本水平下交付周期的长短。

交付周期越短,从"三流"的角度来看,就意味着制造商的周转库存越少(节约物资),回款越快(节约资金),端到端的信息越同步(通过先进的数字化系统来实现),是各家企业主抓的重点。

例如,家电行业的企业——美的,早早提出了著名的 T+3 战略,具体如图 1-2 所示。

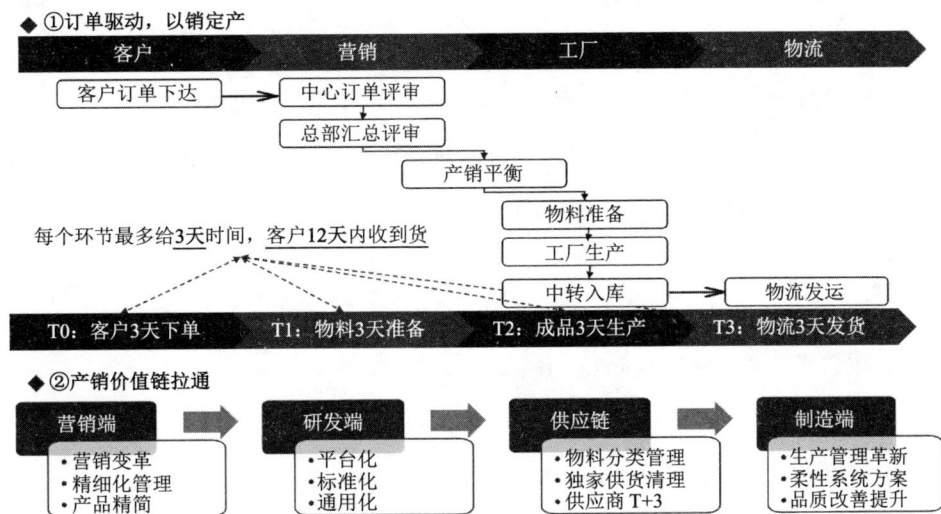

图 1-2　T+3 流程关键点

T0 代表接收客户订单与评审的时间,T1 代表物料准备时间,T2 代表成品生产和入库时间,T3 代表物流运输时间。

美的要求,从 T0 到 T3,每个环节最多给 3 天时间,也就是说,客户从下单之日起,12 天内就能收到货。

这就要求计划部从采购、生产、仓库、物流等环节倒逼职能部门想办法,使职能部门通过从订料模式、供货模式、生产模式、库存模式的优化,到供应链控制塔、智能化制造、自动化仓储、协同式供应链库存管理（CPFR）等先进技术的应用，将交付周期压缩到极致。

Q:"如果没有这些先进管理方法，企业应该怎么管理交付周期呢？"

A:"在没有先进管理方法和先进数字化系统的情况下，企业缩短交付周期的方法往往是延长工时和加大压力，也就出现了开篇时计划员和采购员发生口角的那一幕。"

如果你是企业的采购员，希望你能理解计划员的苦衷，因为交付周期的绩效指标往往背在计划员身上。

为了确保按时交付，计划员需要与各个部门"吵架"。

例如，要求销售的接单数量接近销售预测，要求制造按计划生产，要求仓库及时完成出入库操作并做到账实相符，要求物流按时发货，当然也会要求采购搞定供应商，保证物料及时送达，避免"请了一桌客人却不上菜"的尴尬。

只有各个环节都靠谱，计划才能准，才会具备"一套计划"的卓越供应链管理基础。

当然，除了计划管控，交付周期的长短与制造商的生产模式也有关系。常见的生产模式有四种，分别是：

1. 按设计生产（ETO，engineering to order）；

2. 按订单生产（MTO，make to order）；

3. 按订单装配（ATO，assemble to order）；

4. 按库存生产（MTS，make to stock）。

它们的主要特征见表 1-1。

表 1-1　常见的四种生产方式的特征

模　　式	主要特征	客户需求	销售预测	交付周期
按设计生产	依托标准产品，根据客户特殊化要求设计生产	特殊要求	·成品较难预测 ·成品无法备库 ·制定物料备库策略	最　　长
按订单生产	依托标准产品，接单后按客户需求进行产品配置选配	选　　配	·成品较难预测 ·成品备库风险高 ·制定物料备库策略	较　　长

续表

模　式	主要特征	客户需求	销售预测	交付周期
按订单装配	依托标准产品,生产半成品,接单后按客户需求进行装配	有限的选配	·成品较难预测 ·成品备库风险较高 ·制定物料备库策略	较　短
按库存生产	产品标准化,通过库存储备在市场铺货销售	标准配置	·基于标准产品预测 ·成品备库风险较低	最　短

它们的交付周期对比如图 1-3 所示。

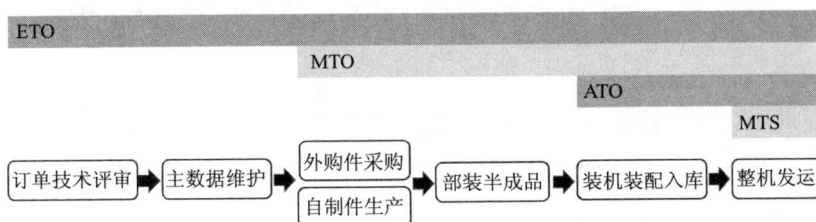

图 1-3　四种生产模式的交付周期对比

经过深入思考,你会发现,为了保持供应链的最佳竞争力,一家公司会有四个主要的供应链管理目标,分别是:最好的客户服务、最低的生产成本、最低的库存投资、最低的配送成本。

这些目标是销售部、生产部、财务部、物流部和采购部之间发生冲突的根本原因,因为每个部门在这些目标中都负有不同的责任。

销售部的目标是维持和增加收入,因此它必须尽可能地提供最好的客户服务,实现方法如下:

①维持高库存,客户在任何时候都可以获得商品;

②中断生产,以便生产没有库存且客户急需的商品;

③加急运费,缩短交期。

财务部必须保持较低的投资和成本,实现方法如下:

①降低库存水平;

②较少工厂和仓库数量;

③长时间连续生产;

④只按客户订单生产。

生产部必须保持较低的运营成本,实现方法如下:

①长时间生产较少的几种产品,使用自动化设备,降低换模频次,从而减少产品制造成本;

②维持原材料和半成品的高库存,使生产不至于缺货而中断。

物流部倾向于加大运输批量,凑整车发运,以便节约物流费用。

采购部倾向于加大订货量,拿到更低的价格折扣。

那么,企业面对各部门间的矛盾,应该如何缓解冲突,把各部门拉到一个目标上呢?

这个时候,企业需要一个职能部门根据需求、产能、库容、运力和物料供应情况,计算出最优解,协调部门间的冲突,于是计划部再次粉墨登场。计划部通过"一套计划"的管控模式将供应链的所有职能部门拉通,让供应链在一套计划体系下高效协同运作,避免把精力放在部门间无休止的辩论上,具体如图 1-4 所示。

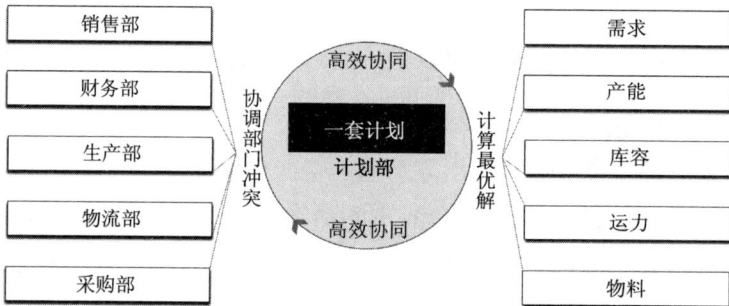

图 1-4　一套计划管控模式

读到这里,希望大家能够大致理解供应链管理是个什么活。

对于门外汉来说,可能是一个字:乱!

而对于有志于成为供应链管理专家的人来说,供应链管理是一个涉及面广,知识精深,对人的专注力、沟通能力和分析能力要求很高的工作,特别适合以目标为导向,坚韧不拔的人。

第二节　协同对于供应链管理的重要性

当你研究很多企业的组织方式时,你会发现在一家企业内部,各部门间往往早已竖起厚厚的墙,包括企业与客户,以及企业与供应商之间,往往都存在影响合作的障碍,如图 1-5 所示。

图 1-5　打破部门墙

而卓越供应链管理的重心正是消除这些障碍。

很多企业想要通过信息技术消除供应链中的障碍,但是那些障碍往往固执地依然存在着,因为在企业做信息化时,很多人都把自己藏在障碍里,仿佛是老鼠钻地洞,让地面上的人看不到。而当信息系统使用一段时间之后,他们会创造很多潜规则来关照自己的利益,让自己的工作更加容易完成而不顾全局。

更加糟糕的情况是,供应链中的障碍还可能被提高,以便隐藏各自的问题或者使得少数部门保有特殊资源。因为企业缺乏鼓励交流的机制,使得潜规则与漏洞发生时,没有人去挑战它们。因为每个部门都是独立的业务单元,默认为把自己的工作做好就能万事大吉。

想要达到卓越供应链管理水平,企业就不能允许这些障碍存在。当产品、信息和资金在不同部门间流动时,卓越供应链不允许任何部门设卡立哨。

俗话说:"事在人为。"想要妥善解决以上问题,企业需要把人视为供应链管理的主体,通过改变人的认知和提升人的综合素质来提升供应链的整体管理水平。

关于企业把人作为供应链管理的主体、提升人的认知和综合素质有三个值得借鉴的做法,分别是:

(1)企业全员应该意识到每个人的工作都与供应链有关,就如同很多企业强调，每个人都在为客户服务一样，因为供与需是一枚硬币的两面，无法割裂开来。企业应该通过培训或宣传等手段提高每个人对供应链管理的服务意识。

（2）企业一定要意识到，供应链存在内外部之分，"一把手"要通过产销协同会议帮助企业内部达成共识；之后，要求各部门积极与供应商、供应商的供应商、客户、客户的客户沟通协同。

（3）不能将供应链的管理职责委托给某一个部门，而是应该成立专门的供应链管理组织。例如，与供应商的协同绝不是采购部一个部门能够做好的事情，如果这样去想，效果一定不佳，因为其他部门又会抱有"事不关己，高高挂起"的心态。企业一定要由更高层级的供应链管理组织牵头，向与供应商相关的所有部门，如计划和物流下达指令，要求他们协同制定安全库存计划和运输计划，这样才能真正提升供应链的效率，剔除供应链的浪费。至于与客户的协同，这也不能只是依靠销售自己的力量。笔者看到，诸如采购、计划等供应链管理相关部门正在越来越多地帮助销售与客户沟通，以期达到与客户的供应链协同的目的。

有了正确的认知和正确的管理，部门墙才能被打破，供应链才能协同起来，为企业向卓越供应链管理转型升级奠定成功的基础。

第三节　供应链金融服务的由来和现状

为了有效促进供应链的发展，缓解甲乙双方的资金压力，供应链金融服务应运而生。

那么，供应链金融服务是怎么产生的？它的现状如何呢？

下面笔者一一介绍。

早在 200 多年前，供应链金融已经在美国等西方国家同时开展，它经历了三个发展阶段，具体如图 1-6 所示。

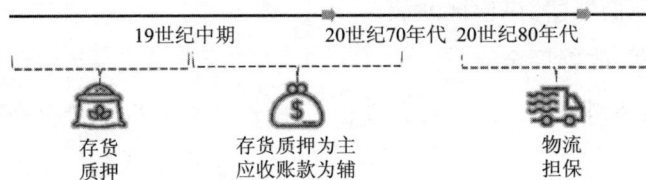

图 1-6　供应链金融发展的三个阶段

阶段一：19 世纪中期之前

这个时期的供应链金融非常单一，主要是针对存货质押的贷款业务。例如，早在 1905 年俄国沙皇时代，在丰收季节，当谷物的市场价格较低时，农民将大部分谷物抵押给银行，用银行贷款资金维持生产和生活，待谷物的市场价格回升后，再卖出谷物偿还银行本金和利息，由此，相比于在收获时节直接卖出谷物，农民可以获得更高的利润。

阶段二：19 世纪中期至 20 世纪 70 年代

在此阶段，承购应收账款等保理业务开始出现，意思是对于现金流紧张的企业，可以拿存货做抵押，拿应收账款（销售订单）做担保，贴息从银行获得资金。如果到了付款日，企业的客户没有按订单将货款打给银行，银行就要把企业的存货没收并转卖，抵偿贷款风险。可见，这个阶段的供应链金融业务是以"存货质押为主，应收账款为辅"。

阶段三：20 世纪 80 年代至今

随着物流业的高度集中发展，一些主要物流企业开始与银行合作，为中小型客户提供货物评估、监管、处置和信用担保服务，帮助中小企业获得银行资金，从而扩大自己的业务，获得更多收益。

现如今，供应链金融已经发展出四种主要融资模式。

模式一：应收类（应收账款融资）

是指以客户的存货或信用做担保，供应商将销售订单抵押给银行或供应链金融服务机构，获得贴息后的资金，它的本质是客户为供应商做担保。

客户这么做有两个好处，分别是：

①防止供应商倒闭、供应链断裂；

②延长账期，改善现金流。

例如，联想公司曾以电脑为存货向银行担保，由银行向联想公司的供应商发放贴息后的资金。

模式二：预付类（未来货权融资）

是指以供应商承诺回购物资做担保，由客户向银行或供应链金融服务机构申请贴息后资金，再用来购买供应商的物资，它的本质是供应商为客户做担保。

供应商这么做也有两点好处，分别是：

①防止客户因现金流问题倒闭，从而缩小自己的市场份额；

②多卖货。

例如，泸州老窖曾以白酒为存货向银行担保，由银行向中小超市发放贴息后的资金，用来购买更多白酒，扩大泸州老窖的市场份额。

模式三：存货类（融通仓融资）

是指以存货作为质押，经过专业的第三方物流企业的评估和证明后，由金融机构向其授信。

模式四：组合融资

即前三种融资模式的任意组合。

想要获得供应链金融服务，企业还要做到四流合一，这四个流分别是指：

①物资流，是指实物要发生从供应商到客户的物理运动，包括实物的运输、仓储、搬运装卸、流通加工等；

②资金流，是指采购方支付货款中涉及的财务事项；

③信息流，是指整条供应链中的各类信息，包括订单、存货记录、确认函、发票等；

④商流，是指上下游企业的资金链条均被供应链金融服务商整合，从而形成商流。

在与供应链金融服务商的沟通中，笔者发现，如果你的公司有很好的信息系统，能够实时准确反映和监控物资流、资金流和信息流，供应链金融服务商往往会信赖你的公司;反之,如果你的公司还没有信息系统(ERP),就很难成为链主享受供应链金融服务。

关于供应链金融服务的操作流程,现在已经极为便捷,体现为:

①价格透明,除贴现利率外,无其他费用;

②网页操作,无须安装系统;

③可选择自动化贴现操作;

④无须在供应链金融服务方另行开户。

以上是供应链金融服务的由来和现状。如果还有不清楚的地方,笔者建议大家直接询问银行或供应链金融服务机构。

第二章　供应链管理的战略、能力和绩效指标

自 2020 年初以来,笔者有幸辅导多家知名企业成功搭建卓越供应链,从中积累很多实战经验,也看到很多企业在供应链管理方面存在战略缺失、能力不足和绩效指标不全等问题,导致供应链管理缺乏目标和导向,提升乏力。

在本章中,笔者将详细讲解供应链管理的战略、能力和绩效指标,并介绍解决供应链管理问题的前提条件和应对供应链不确定性的管理方法。通过这些内容,旨在帮助企业认识到供应链管理中存在的不足之处,并指明转型的方向。

供应链战略在卓越供应链管理框架中的位置如图 2-1、图 2-2 所示。

在按库存生产(MTS)模式下,企业按要货计划生产,销售订单与工单无关;在按订单生产(MTO)模式下,销售订单触发工单。

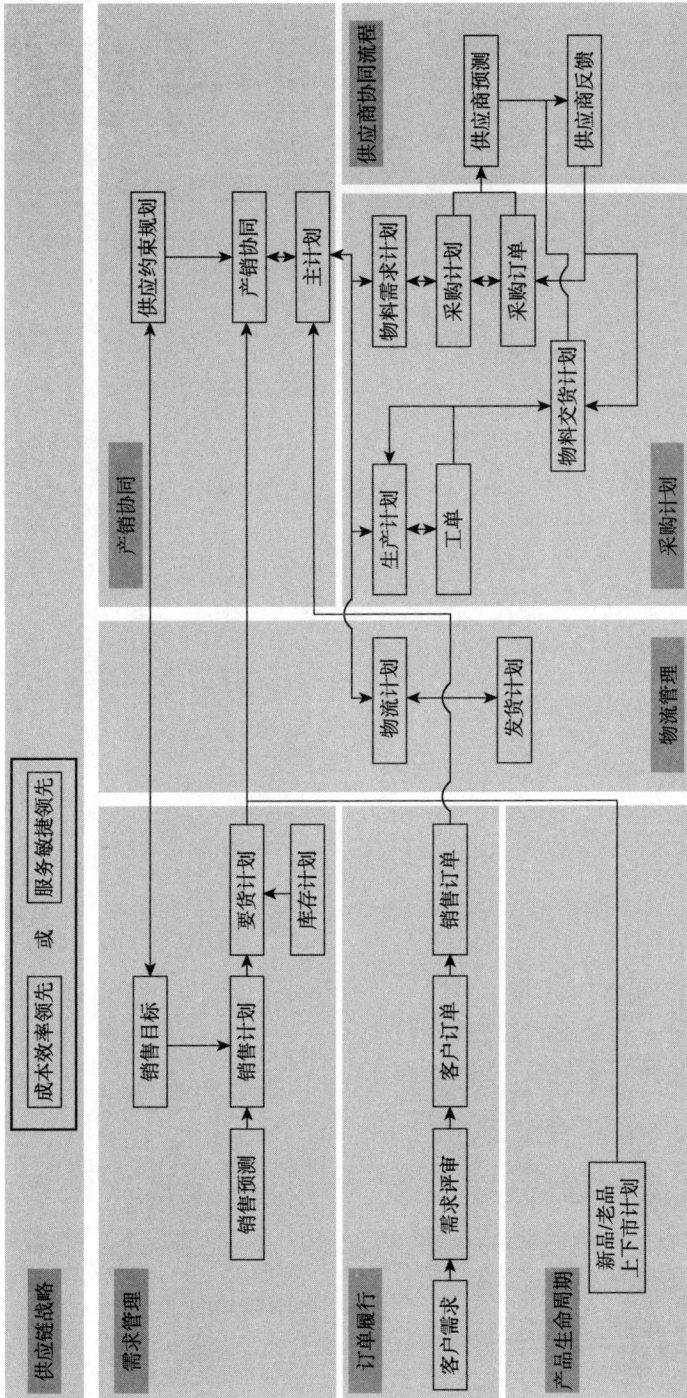

图2-1　卓越供应链管理框架架图之供应链战略（MTS模式）

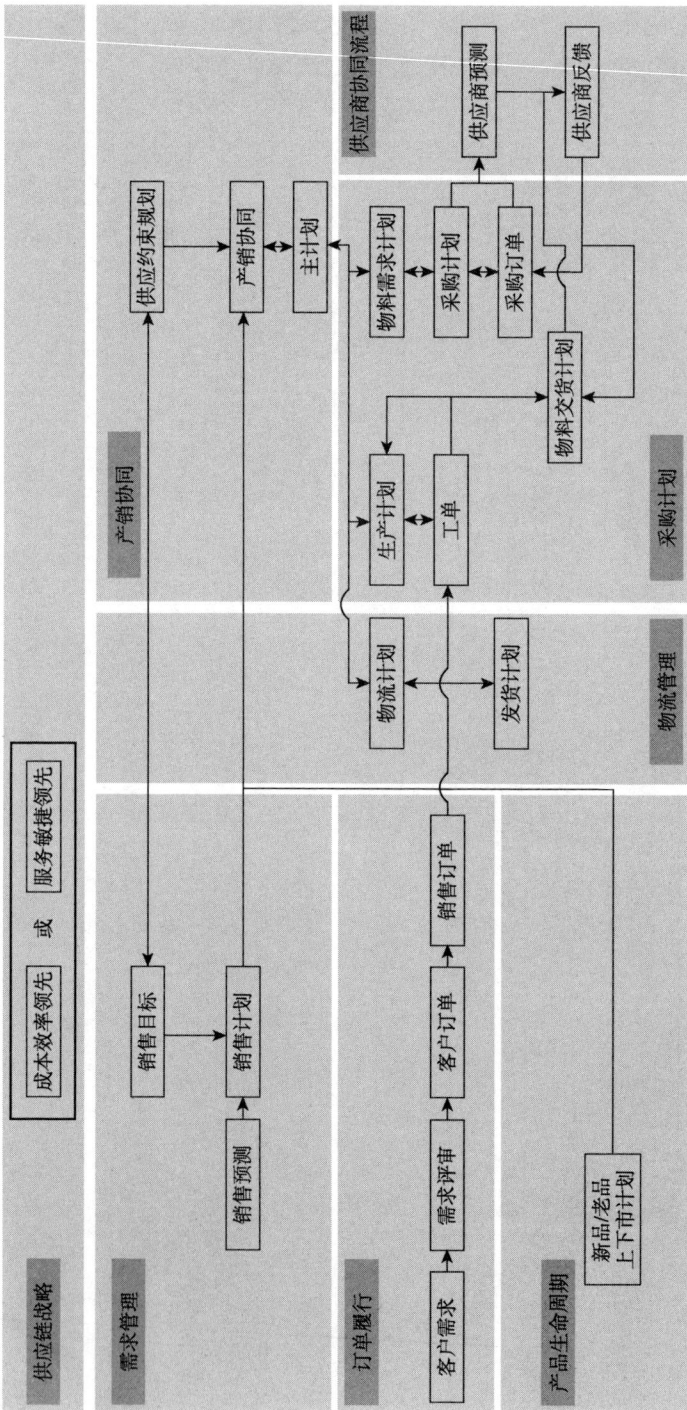

图2-2　卓越供应链管理框架图之供应链战略（MTO模式）

14

第一节　供应链管理的战略和能力

曾有一位企业家对笔者说,企业的发展战略是客户导向、卓越运营和技术领先,这句话听起来面面俱到,但仔细想一想,你会发现这句话矛盾重重,无法指导企业实践。

为什么这么说呢?

因为客户导向、卓越运营和技术领先的重要度往往存在先后次序,很多时候难以并行。

例如,企业想要绝大多数客户都达到极高的满意度,就要准备大量的成品库存,甚至满足一些客户的客制化要求,这样做不但会增加供应链的成本,还会给产品制造带来较高的复杂度,会增加卓越运营和技术领先的难度。同样的,很多技术领先的公司,由于产品无法替代,往往是客户排队来买产品,这个时候哪还能顾得上客户的满意度? 肯定是谁提前下单,谁接受的价格高先给谁排产,怎么还能做到客户导向呢?

可见,一家企业想要同时做到客户导向、卓越运营和技术领先的复杂度极大。

那么,一家企业应该制定怎样的发展战略呢?

美国学者迈克尔·波特先生在 1980 年出版的《竞争战略》一书中提出了三种卓有成效的企业竞争战略,分别是总成品领先战略、产品/服务差异化战略和细分市场战略,如图 2-3 所示。

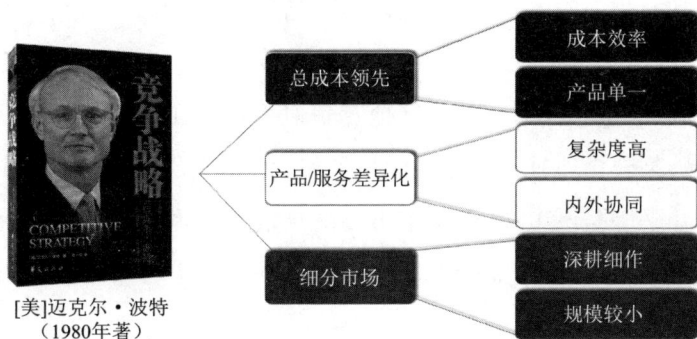

[美]迈克尔·波特
（1980年著）

图 2-3　三种卓有成效的企业竞争战略

简单理解，总成本领先战略是指在一个竞争市场中，企业的总成本最低，这类企业往往最看重成本效率，产品单一。例如追求原材料最低价，追求大规模连续生产，他们往往以产定销，供应链管理的复杂度低，计划的准确性高，各部门各司其职就能管理好供应链，不强调跨部门协同，除非涉及跨生产基地的计划调度事宜。到现在为止，很多基础工业企业仍在依靠总成本领先战略生存和发展，例如造纸、玻璃、钢材、基础化工原料等工业企业。

产品与服务差异化战略是指在一个竞争市场中，企业能够提供有别于竞争对手的产品或服务，满足关键客户的特殊需求。例如，对于洗衣机的滚筒，普通钢材的硬度和耐腐蚀性都达不到要求，需要从特殊钢材提供商处采购，或者与供应商一起研发新的钢材。再例如，某新能源电池厂要求电解液供应商根据电池的性能要求开发配方并在电池厂区建立电解液的生产车间和储罐，如果电解液供应商能够满足电池厂的要求，就属于产品与服务差异化战略。很明显，企业实施产品/服务差异化战略会增加供应链管理的复杂度。例如，越来越多的最小存货单位（stock keeping unit，SKU），越来越广泛的仓网布局，越来越多的生产基地等，这对供应链管理水平提出更高要求，需要达到卓越供应链管理水平，通过战略层计划（解决资源约束问题）、战术层计划（解决产销协同问题）和执行层计划（解决生产交付问题）牵引整个供应链，针对不同产品的需求量、需求频次和交付周期，精细化地管理生产批量、安全库存和采购订单。随着企业的发展壮大，需要不断检讨和优化仓网布局，要求企业拥有很强的内外部资源协同管理能力。

细分市场战略是指企业基于对某一个细分市场或者区域市场的深度了解和布局，通过产品或渠道建立护城河，把其他竞争对手排除在外。例如，对于超级电容这一细分领域，某公司通过十几年的深耕细作，在产品质量和性能上都远远领先于国内外同行，几乎垄断该市场，而这个市场的规模一年也就十亿元人民币，不值得资本大规模进入，因此，该企业的发展战略就是在超级电容市场继续做深做精，深挖护城河，即细分市场战略。

综上，大多数企业的发展战略与供应链管理战略的关系如图2-4所示。

其中，供应链管理的两种供应链战略的主要特点见表2-1。

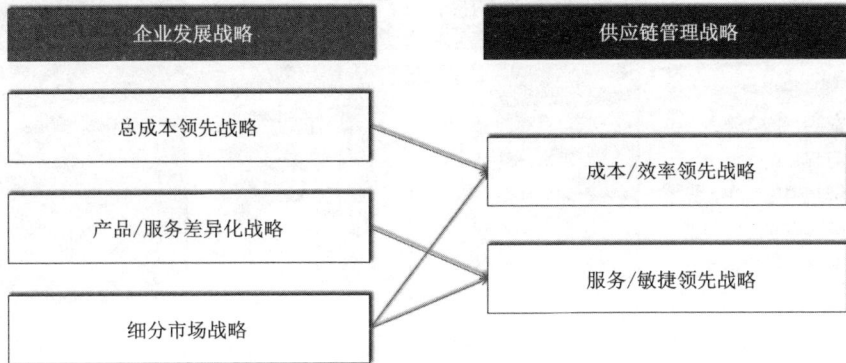

图 2-4　企业发展战略与供应链管理战略的关系

表 2-1　两种供应链战略的主要特点

项　　目	成本与效率领先战略	服务与敏捷领先战略
主要目标	最低成本	快速响应
产品设计	以最低成本满足需求	利用模块化设计满足多样化需求
定　　价	边际效益较低	边际效益较高
制　　造	大批量、少品种	小批量、多品种
库　　存	库存最小化	维持一定的安全库存
交　　期	不以增加成本为代价缩短	愿意付出较大成本缩短
供 应 商	根据成本和质量选择	根据生产柔性、技术能力、成本和质量选择

　　无论是对应成本与效率领先战略还是服务与敏捷领先战略，企业都要评估自己的供应链管理能力能否支撑对应的战略。

　　那么，企业的供应链管理能力是指什么？如何评估呢？

　　根据供应链管理的主要职能划分，笔者将供应链管理分为需求管理、计划管理、供应管理和物流管理四个模块，每个模块所需要的管理能力如图 2-5 所示。

　　笔者设计的企业供应链管理能力评估模型示例见表 2-2、表 2-3，供大家参考学习。

需求管理	计划管理	供应管理	物流管理
• 管理客户预测 • 管理预测准确率 • 管理订单评审 • 管理销售订单优先级 • 管理客户分级分类 • 管理客户满意度	• 管理产销协同 • 管理资源约束 • 管理MTS计划 • 管理MTO计划 • 管理物料计划 • 管理库存计划	• 管理采购交期 • 管理订单模式 • 管理下单规则 • 管理备料模式 • 管理交付过程 • 管理交付绩效	• 管理运力计划 • 管理分包商 • 管理物流成本 • 管理物流交付 • 管理物流绩效

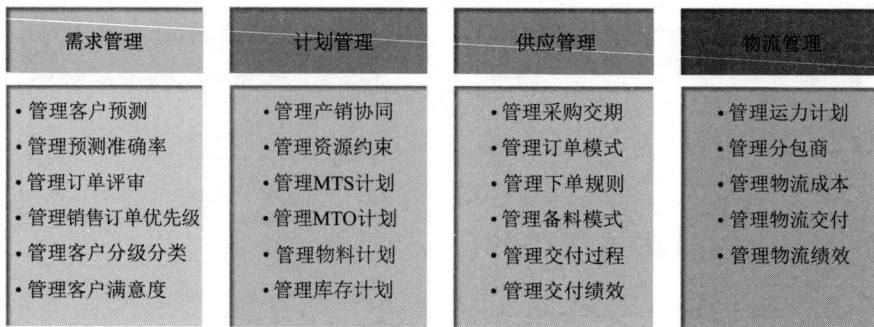

图 2-5 供应链的管理能力

表 2-2 供应链管理能力评估模型示例(1)

案 例		A企业	B企业	C企业
企业发展战备		总成本领先	产品/服务差异化	细分市场
企业 发展 战略 复杂度	产品领先	3	4	4
	成本领先	4	2	2
	服务领先	3	2	1
	总复杂度	11	8	7
供应链 管理战略	总战略	基于竞争环境及关键客户布局,建立高效精益的供应链管理战略	基于技术领先及新兴市场定位,建立敏捷精益的供应链管理战略	聚焦××市场,基于技术领先和创新能力,建立高效的供应链管理战略
	产品关注	全球运营模式 通过标准化的集成计划体系,支撑快速的复制扩张	完善产品矩阵,强化细化领域竞争力 精细化的集成计划体系,以支撑众多产品的高效响应	
	成本关注	关注成本效率的优先 在不影响成本效率的基础上提高订单响应能力		
	服务关注	区域化与服务化的多元竞争 压缩交付周期,强化订单履行能力,建立区域化的竞争优势	差异化客户服务,增强需求管理能力 对客户的服务水平进行差异化区分,提升需求预测准确率	关注流程效率的提升 通过数字系统提升供应链的响应速度和效率
	供应链关注	打通上游供应链,控制核心资源 不断整合上游核心供应资源,提升供应安全系数,构筑成本领先护城河	加强供应端的响应速度和柔性 加强与供应商的协同合作,获得供应商的产能和服务优先级	关注供应链可视化的提升 通过数字系统提升供应链的可视化程度

表 2-3　供应链管理能力评估模型示例(2)

案　例		A 企业	B 企业	C 企业
企业发展战略		总成本领先	产品/服务差异化	细分市场
企业发展战略复杂度	产品领先	3	4	4
	成本领先	4	2	2
	服务领先	3	2	1
	总复杂度	11	8	7
需求管理	管理客户预测	精细化	精细化	不必要
	管理预测准确率	精细化	业绩化	不必要
	管理订单评审	精细化	精细化	基本建立
	管理销售订单优先级	精细化	精细化	基本建立
	管理客户分级分类	精细化	精细化	基本建立
	管理客户满意度	精细化	精细化	不必要
计划管理	管理产销协同	精细化	精细化	不必要
	管理资源约束	基本建立	基本建立	基本建立
	管理 MTS 计划	不必要	精细化	基本建立
	管理 MTO 计划	精细化	精细化	不必要
	管理物料计划	精细化	精细化	基本建立
	管理库存计划	精细化	精细化	基本建立
供应管理	管理物流计划	精细化	精细化	基本建立
	管理采购交期	精细化	精细化	基本建立
	管理订单模式	精细化	精细化	不必要
	管理下单规则	精细化	精细化	不必要
	管理备料模式	精细化	基本建立	基本建立
	管理交付过程	精细化	基本建立	基本建立
	管理交付绩效	基本建立	基本建立	基本建立
物流管理	管理运力计划	精细化	精细化	基本建立
	管理分包商	精细化	精细化	基本建立
	管理物流成本	精细化	精细化	基本建立
	管理物流交付	精细化	精细化	基本建立
	管理物流绩效	精细化	精细化	基本建立
供应链管理复杂度		52	44	16

表 2-3 中，"不必要"代表不需要具有相应的管理能力，管理复杂度为零分；"基本建立"代表企业具有基本的管理能力即可，管理复杂度为一分；"精细化"代表企业需要具有细分的规则和高度协同的机制，管理复杂度为两分。

深色底白字代表企业应该具有这种管理能力但是没有；浅深色底白字代表企业具有这种管理能力但是需要补强；次深色底白字代表企业满足这种管理能力的要求。

表中最后一行"供应链管理复杂度"是根据"精细化"两分，"基本建立"一分，"不必要"零分，求和计算出的总分。总分越高代表供应链管理越复杂。

Q：姜老师，您不是说总成本领先战略企业的供应链管理复杂度较低吗？为什么上表中的 A 企业，它的供应链管理复杂度分数最高呢？

A：请您回看表中开头部分，找到企业发展战略复杂度评分，A 企业的分数最高为 11 分，代表它的战略最复杂，评价维度和方法是：产品领先（独家-4 分、少数几家-3 分、供求平衡-2 分、供大于求-1 分）、成本领先（行业最低-4 分、低于平均-3 分、平均水平-2 分、高于平均-1 分）、服务领先（高度客制化服务-4 分、在客户周边建厂建仓-3 分、按客户等级服务-2 分、无差异化服务-1 分）。如果你仔细研读 A 企业的供应链管理战略，你会发现它是一家全球布局、多元服务、高度自制并不断提升成本效率的企业，也就是说它的管理范围很广，产业链很长，面临非常激烈的市场竞争，因此它的供应链既要关注成本效率又要关注服务水平，只是更偏重成本效率一些。B 企业的规模相对于 A 企业要小很多，不涉及全球运营，虽然偏重于提供差异化的产品和服务，但是 SKU 数量远少于 A 企业，市场竞争不够激烈，管理范围偏小，故供应链管理的复杂度比 A 企业低；至于 C 企业，它是一个细分市场的垄断者，以产定销，只有一家工厂，供应链管理的复杂度自然最低。可见，企业供应链管理所需要的能力以及供应链管理的复杂度与企业所在的市场规模、市场竞争、企业规模、产品复杂度等因素密不可分。

最重要的是，企业一定要明确自己的供应链管理战略是什么，需要具备哪些管理能力，存在哪些差距，只有这样才能树立目标，引领变革。而不是一叶障目，不去解决问题或是病急乱投医。

第二节 梳理业务场景

在一次访谈中,笔者问客户:"你们的生产模式是什么?"

客户答:"有的板块按订单生产,有的板块按库存生产。按库存生产是为了保证连续生产,成本最优;按订单生产是因为在产能富余的情况下,我们的生产周期只有两天,运输周期只有2~3天,如果物料供应及时,可以满足绝大多数客户的交期要求。"

笔者感叹:"厉害!"

客户不解,问:"为什么说厉害?"

笔者答:"有能力按库存生产的企业一般都是行业中的龙头老大,可以通过总成本领先战略占领市场,而且产品单一。我猜你们那个板块就是这样。"

客户笑着说:"是的。"

"那就不用操心它的供应链管理了。因为按库存生产的计划比较稳定,展望期也较长,能够指导供应商的备料和生产,整个供应链的不确定性很小。"

"是的。那个板块比较容易,难的是按订单生产的板块,总是缺料,不知道怎么管才好。"

笔者心想,又是缺料问题。这一次,我们需要从需求场景和供应场景两个方面来分析物料短缺的原因,再据此找到解决问题的方法。

请大家想一想,在需求端,有什么场景会导致物料短缺呢?

最容易想到的场景就是客户临时下单,产生无预测销售订单。很显然,大量的无预测销售订单会导致物料短缺。

那么,还有什么需求场景会导致物料短缺呢?

其实还有很多,例如季节性的需求增长,导致物料供应的节奏跟不上需求增长的节奏;一次性订单且需求量少导致没有供应商愿意接单;产品设计的紧急变更或者配方的紧急变化都会导致物料短缺。

说完需求场景,我们再来分析有哪些供应场景会导致物料短缺。

你会想到哪些场景呢?

例如供应商产能不够,供不应求。

还有哪些场景呢?

非常多,例如,长交期(通常,180天以上属于高度短缺,90天以上属于风险短缺)、质量问题、供应商有财务风险、价格上涨、专料专供、运力不足等。

那么,无论需求端还是供应端,针对不同的缺料场景,我们应该如何从供应链管理的角度来解决问题呢?

答案并不唯一,以下仅做参考。

1. 需求端

(1)无预测订单。无预测订单是指客户没有提前提供预测,而是直接下发订单,而且一般都是急单的情况。

从态度上说,供应链的管理者只能接受无预测订单,因为客户和市场是无法改变的,但是,供应链只能承诺满足一定时间和数量范围内的无预测订单,再通过适当的成品安全库存和/或物料安全库存来满足承诺,至于承诺以外的无预测订单,供应链不打保票。通过这种机制,供应链可以倒推销售,让销售负责人认真想想在有限承诺的情况下,优先满足哪些无预测订单帮助企业获得最大利益,从而把销售计划管理得更规范,而不是任由销售员插单,把供应链搅得一团乱。

(2)季节性的需求增长。提前计划,提前备料,提前生产库存,削峰填谷。

(3)一次性订单且需求量小。实际上很难避免,只能依赖产品或配方标准化,给客户提供"点菜式"配置,而不能无限度的客制化。

(4)产品或配方的紧急变更。优化产品变更以及新品上市流程,充分考虑供应商的"爬坡"时间和"爬坡"批量,不允许销售向客户做出不切实际的承诺。

2. 供应端

(1)供应商产能不足、供不应求。做供应市场调查,提前预判。针对独家供应商,一旦出现交期延长,无法承诺预测量以及交付不及时的情况,采购要在第一时间与供应商澄清原因并建立安全库存。在供应行情趋紧时,公司应允许采购额外支付费用抢占供应商产能的优先级,以便保障供应。要知道,在供不应求的情况下,有料者为王。

（2）独家供应。理论上采购可以请求研发重新定义物料标准，从而改变选型，但实际上很难做到。有实力的企业往往会考虑参股或收购独家供应商，或者将外购转为自制；实力稍弱的企业只能打感情牌，通过长期合同等手段请求独家供应商稳定交期。

（3）长交期。提早下单，提早备料。

（4）质量问题。全面质量管理。

（5）供应商有财务风险。通过企查查、天眼查、财务报表、向供应商的主要供应商打听、向供应商的员工打听等渠道获取信息，预判供应商的财务风险。

（6）价格上涨。加大下单量，多备库存。

（7）专料专供。提升产品的标准化程度，降低专料专供的比例。

（8）运力不足。有实力的企业可以与大型物流公司签署战略合作协议，在维持有竞争力的价格的同时保障运力。例如，某实力雄厚的跨国企业就与中外运空运发展股份有限公司签署了这样的协议，获得了极具竞争力的价格和运力的优先级；对于实力较弱的企业，没有太好的解决办法，只能与多家物流公司合作，选择最优方案。

综上，解决缺料问题的思维导图如图 2-6 所示。

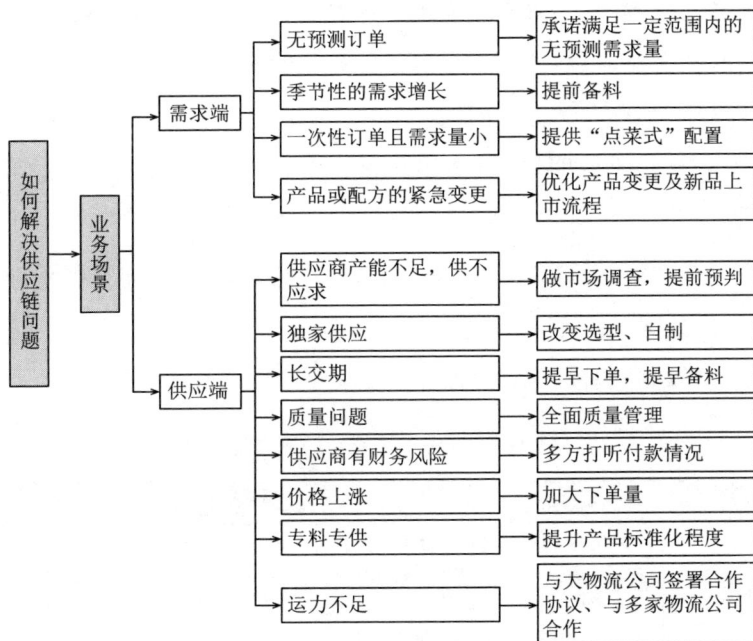

图 2-6　解决缺料问题的思维导图

可见，理解业务场景并梳理清楚，是解决供应链问题的前提，也是搭建卓越供应链管理体系的前提。如果这一步做好了，毫不夸张地说，供应链的问题也就解决一半了。

第三节　管控供应链风险

对于很多供应链从业者来说，VUCA 不是一个陌生词汇。V 代表 volatile，是不稳定的意思；U 代表 uncertain，是不确定的意思；C 代表 complex，是复杂的意思；A 代表 ambiguous，是模糊的意思。用 VUCA 形容当下的供应市场环境，是指由于物料短缺、运力不足、资源涨价、政策不明、国家战争等不可控因素导致供应市场的波动不可预测，给供应链管理带来了巨大的困难，已经或多或少地波及了每一家企业的供应链。

在 2021 年下半年，有一位山东的企业家向笔者诉苦说，当时有一批涨价的电子料，他想等行情下跌再买，结果后来拿钱都买不到，导致企业损失惨重，这就是企业家不适应时势的典型表现，不懂得顺势而变，最后只能为无知买单。后来在给不同企业做辅导的过程中，笔者不断发现无论在什么行业，如消费电子（半导体短缺的重灾区）、医药行业（进口试剂大幅涨价并延长交期）、化工行业（政策影响、预测不准、产能不足），都存在类似的问题。

因此，笔者有必要说明，在供应市场波动的时代，企业的供应链管理该如何变化。

请大家思考，结合 VUCA 的概念，如果把供应市场的波动水平划分为五个等级，您会如何划分呢？

笔者是这样划分的，具体见表 2-4。

表 2-4　供应市场波动的五个等级

等　　级	相关内容
等级一 稳定	稳定是 21 世纪初，适合绝大多数行业的典型的供应市场表现，即供大于求或者供求平衡。在稳定的世界里，供应链管理的重点是提高效率，追求精益，因此，财务会要求供应链逐年降低库存金额，提升库存周转率。由于一切工作都在有条不紊地进行，在这个阶段，供应链的可视化管理没有那么重要

续表

等　　级	相关内容
等级二 不稳定	不稳定是供应市场波动的初级表现,典型的特征是由于供应商的交付水平下降,导致企业的交付难度增加,客户的投诉增多。在不稳定的世界里,供应链管理的压力开始增加,销售会以客户的名义频繁投诉甚至插手供应链管理。如果企业的供应链管理能力没有及时构建起来,就容易遭到破坏,失去管控,陷入一味地强执行,需要供应商和员工都有很强的耐压能力才能及时救火
等级三 不确定	不确定是供应市场波动从初级走向中级的表现,典型的特征是面对层出不穷的新问题,员工无法预判自己的行为会带来什么样的结果。企业的供应链管理已经处于失控状态,救火早已来不及。 　　怎么办呢? 　　这个时候,企业的供应链需要提升管理水平,而不是一味地依靠人力拉动。例如,通过数字化系统增加供应链的可视化和对交付与库存的预判能力;通过 SRM(supplier relationship management,供应商关系管理)系统增强与供应商的协同;对重要品类的供应市场进行分析和预判;应用一系列卓越供应链管理方法,如产销协同、集成计划、供应预警等,管控供应链的不确定性
等级四 复杂	复杂是供应市场波动从中级走向严重的表现,典型特征是出现了从未见过的问题,如不可抗力,即使应用先进的管理方法也不起作用 　　这个时候,企业要改变供应链管理的策略,从某种意义上说是走回老路,即增加库存 　　因为在复杂的阶段,供应市场已经进入缺料的深水区,谁能拿到料,就能接到单,就能赢得同行业的竞争 　　因此,在这个阶段,库存不再是一种浪费,而是一种投资,在不呆滞的前提下,可以帮助企业赢得商机、避免涨价,是一种有益的资产
等级五 模糊	模糊是供应市场波动的终级表现,典型的特征是供应链已经断裂,而且搞不清楚接下来会发生什么,这个时候供应链管理本身已经束手无策,只能调整企业的期待与客户的期待,增加信任与协同,倾客户之力、企业之力和供应商之力寻找解决办法,并对问题达成谅解。例如,突如其来的俄乌战争使得很多乌克兰的汽车零部件厂停产而且复工日期不明,导致德国大众汽车的供应链频繁断裂,此时,企业只能对客户坦诚相告,尽量避免客户损失,待战争结束之后,再恢复正常供应

　　最后笔者要说,供应市场波动虽然可怕,但是时势造英雄。供应市场越是困难的时候,越能凸显供应链管理的重要作用和专业人才的宝贵。懂得顺势而变,才能成为时代的弄潮儿。

📶 小明的故事 ◤

如何制定天波公司的供应链管理战略

续写上两部专著《采购与供应链管理：采购人 1000 天的奇迹》和《卓越领导力：实战型采购专家手把手教你做管理》中主人公小明的故事。

刚刚从天波公司采购部经理的职位提拔为供应链管理总监的小明完全没有别人预想的那般兴奋和激动，因为他清楚地知道自己接手的是怎样一个烂摊子。

之前天波公司根本就没有供应链管理这样的组织，而是以各部门各司其职的方式完成客户订单，是典型的传统供应链的管法。但是随着市场需求变得越来越复杂，供应链的不确定性不断增加，传统供应链管理的响应速度慢、库存高起、缺乏协同等弊端逐步凸显。

例如，销售部对销售预测没有严格的管控，而是任由各个销售经理凭主观臆想和经验进行，遇到客户的紧急需求就逼着计划插单，导致排产计划没有一天能锁定。

所谓的产销协同会议都是在沟通一些鸡毛蒜皮的琐事，如呆滞物料怎么处理，怎么满足某个紧急订单，而不是输出稳定的主计划。

至于采购计划，虽然在担任采购部经理时，小明强化了与供应商的协同关系，但是在不稳定的采购计划面前，供应商依然怨声载道，有的甚至不愿按照采购计划备料，导致很多急单因为缺料不能按计划生产，公司内部对采购部的意见很大。

由于长期积累下来的种种问题，刚开始各部门间开会就吵架，后来大家觉得既然问题解决不了，索性就"有话不说"。为了解决供应链各环节的脱节问题，天波公司最终只能为所有物料备至少一个月的安全库存，虽然表面上大家皆大欢喜，但这导致库存周转率很难看，仓库即将爆仓。好在不幸中的万幸是，天波公司的现金流非常充裕，就算这么搞也能支撑下去，这就给了小明充足的时间来调查现状和思考解决方案。

作为一名卓越的领导者，小明对供应链管理面临的难题心知肚明，但是小明不愿加入部门间的战争，去支持谁或反对谁，而是要给供应链管理寻找一个大方向，在这个大方向之下再去引导各部门一起往这个方向走，这个所谓的大方向，就是战略。

天波公司的供应链管理战略是什么呢？

很快，小明想到需求与供应是一件事情的两面，因为有需求，所以有供应。天波公司的供应链管理战略一定与市场战略相一致。

接着，小明需要分析，天波公司的市场战略是什么。

天波公司的业务以新材料为主，虽然在规模上不是行业龙头，但也排名靠前，而且发展迅猛，因此，公司的市场战略不是依靠总成本领先，而是偏重于产品/服务差异化，供应链要对销售和客户提供足够的敏捷性，并重点支持新品开发。

相对于总成本领先战略对应的按预测生产的管理模式，产品/服务差异化战略对供应链的敏捷性要求更高，集成管控力度要求更大，这也意味着公司产品的附加值更好，客户的满意度更高。

因此，天波公司的供应链管理战略就是服务敏捷领先战略。

在明确了供应链管理的战略之后，小明开始思考下一个问题，供应链管理的重要绩效指标有哪些？

第四节　供应链管理的重要绩效指标

俗话说："没有规矩、不成方圆。"

经过归纳和总结，笔者发现，所谓的供应链管理，就是考核供应链中各环节的绩效指标，并美其名曰："聚焦节点、逐级考核。"怎么理解这句话呢？

对于供应链来说，它的输入来自销售计划。

这个销售计划，不是输出未来几个月，每个月的各个产品需要销售多少数量那么简单，而是分层、分级、分阶段，而且不同层级的颗粒度不同。

就拿某500强企业来说，首先，营销部会输出为期五年的战略发展计划。在这个计划中，企业的市场占有率要做到多少、利润要做到多少，都要有规划。具体做法是，营销部需要根据宏观市场分析报告、财务目标和市场目标推算出未来五年内，年度销售数量需要达到多少，主要的销售区域在哪里。可想而知，在这个时候，营销部很难预测五年内具体卖哪些型号的产品，每个月卖多少，因为届时产品已经更新换代。但是根据这个粗略的战略发展计划，制造部可以做产能规划和用工规划，工艺部可以做工艺改造规划，设计部可以做产品规划，物流部可以做仓网规划，采购部可以做寻源规划，这样可以使得供应资源不会成为企业发展的约束。

俗话说，战略指导战术。其次，参考战略发展计划和实际预期，在每一年的年尾，某500强企业会制定下一年的发展目标和预算。这个时候，由销售部输出下一年的销售数量细分到月，而且到产品大类，作为年度销售目标。根据年度销售目标，供应链中的相关部门可以准备相应的资源。例如，增加场地、设备、人员或提前储备关键物料，更改风险物料的选用，等等。

再次，根据销售部输出的细分到具体产品的中期销售计划（展望期一般为3～6个月），供应链通过产销协同会议输出主计划，按月指导长周期物料备料。

然后，供应链根据按周滚动输出的中短期销售计划（展望期一般为1～3个月），指导生产计划、物料需求计划和运力计划。

最后，在按订单生产（MTO）模式下，供应链根据销售订单（展望期一般为7～14天），按日滚动输出排产计划和物料到货计划，指导到料、生产、入库、出库、运输，直到将成品送达客户手中，如图2-7所示。

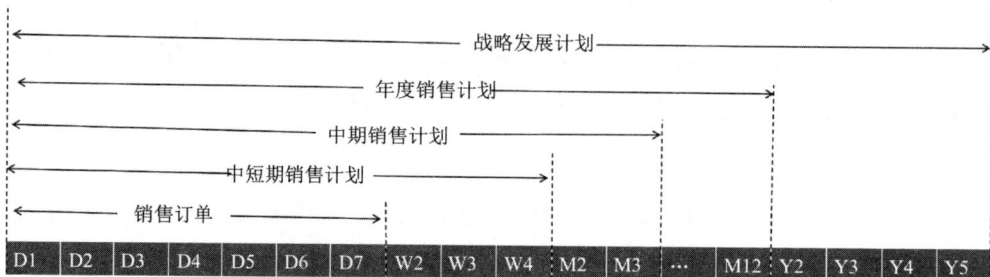

图 2-7　某500强企业分层、分级、分阶段的销售计划

注：Y表示年，M表示月，W表示周，D表示天。

这个过程，就如同一辆行驶中的载货火车，车头是销售，车身是供应链，前面产生的任何波动，都会对后面产生影响。任何一个环节出了问题，都会导致一部分货物无法按时足量送达客户。

那么，供应链管理组织应该怎么监管这一摊子事情呢？

这又回到了本文的主题，设置绩效考核指标，做到"聚焦节点、逐级考核。"绝不允许供应链中任何一个环节从绩效考核体系中遗漏，造成管理漏洞。

都要考核哪些绩效指标呢？

与供应链管理相关的绩效指标很多，从可靠性、响应性、资产利用率和运营成本的角度考虑，绩效指标可以多达一百个。笔者认为其中重要的绩效指标有10个。

(1)客户订单准时交付率。这是衡量企业对客户订单交付水平的最重要的指标，与客户的体验和满意度直接挂钩，是区分同行业竞争对手间供应链管理水平的主要指标，其计算公式是：

客户订单准时交付率＝一段时间内准时齐套交付订单的数量/总订单数量×100％

(2)预测准确率。这是在每次产销协同会议上，销售部与计划部争执的焦点，往往是销售部责怪计划部柔性不够，计划部责怪销售部预测不准，因此，企业应该计算预测准确率，并分析不准确的原因。

关于预测准确率的计算公式，业界并没有通用的公式，可以参考如下公式：

$$预测准确率＝[1-ABS(A-F)/F]×100％$$

F＝月度预测数量，A＝月度实际数量，ABS 是 Absolute 的缩写，是取绝对值的意思。

(3)主计划达成率。既然销售部责怪计划部的柔性不够，接下来的一系列指标就是用来考核计划部的，先从主计划达成率说起。所谓主计划，是指主计划员在接到销售计划之后，考虑物料、库存和产能的约束条件，输出的包含各产品线出货数量的供应计划，颗粒度近细远粗，其计算公式是：

主计划达成率＝实际出货数量/计划出货数量×100％

(4)内部订单满足率。当主计划制作完成后，时间进入执行主计划的月份，销售部需要在拿到客户的订单后在内部生成销售订单，即内部订单，包含具体的产品、数量和出货时间。

内部订单的满足率是用来考核供应链对客户真实需求满足能力的重要指标，其计算公式是：

内部订单满足率＝准时齐套完成的内部订单数量/总的内部订单数量×100％

（5）制造工单准时完成率。在按订单生产（MTO）模式下，接到内部订单后，计划部会根据生产排程生成制造工单，那么，制造工单的准时完成率就决定了内部订单满足率，符合"聚焦节点、逐级考核"的指导方针；在按库存生产（MTS）模式下，制造工单依据生产计划开具，不与内部订单挂钩。其计算公式是：

制造工单准时完成率＝准时齐套完成的工单数量/总工单数量×100％

（6）产能利用率。这是做主生产计划时需要考虑的重要指标，其计算公式是：

产能利用率＝产能利用率（稼动率）＝（负荷时间－停机时间）/负荷时间×100％

（7）供应商准时交付率（按计划）。这是考核供应商按需交付能力的重要指标。如果供应商按物料需求计划的交付率较低，就要根据供应商重新承诺的交付计划调整工单和排期，会导致供应链丧失敏捷性，从而影响客户订单准时交付率，因此，供应商准时交付率（按计划）是物料供应端极为重要的考核指标，其计算公式是：

供应商准时交付率（按计划）＝按计划准时足量交付的采购订单数量/

总采购订单数量×100％

（8）供应商准时交付率（按承诺）。这是考核供应商承诺的交付时间和交付数量与实际的交付时间和交付数量达成率的指标，是物料供应端保交付的底线，其计算公式是：

供应商准时交付率（按承诺）＝按承诺准时足量交付的采购订单数量/

总采购订单数量×100％

（9）存货周转天数。这是在按库存生产（MTS）模式下，根据销售部的预测，推算成品库存能够维持多少天销售的重要指标，与销售的流速直接挂钩，直观的体现库存的合理性，其计算公式是：

存货周转天数＝360/存货周转次数

在现实工作中,可以用下个月的计划要货数量除以下个月的天数,得到平均每天的计划要货数量;再用当期库存数量除以下个月平均每天的计划要货数量,得到存货周转天数。

(10)交付周期。这是衡量供应链柔性的核心指标,决定了客户在下发订单后,通常多久能够收到货,是客户关注并决定是否下单的重要因素,其计算公式是:

交付周期＝客户订单处理周期＋生产周期＋物流周期。

不难发现,这十个重要的供应链管理指标的背后,体现了供应链的经营理念与管理逻辑,因此,想要管好供应链,必须先从指标抓起。

但是笔者需要提醒大家,绩效考核的目的不是考核人,而是衡量供应链的运作水平,分析问题的根因,寻求逐步改善,尤其是卓越供应链管理所面临的问题,笔者断言,没有一个能依靠单独部门自行解决,因为所有问题都是上下关联、层层递进的关系。因此,唯有通过部门间的精诚合作,才能制定协同的规则和机制,找到解决问题的方法,逐步提升供应链的运作水平和绩效结果。

📺 小明的故事

如何制定天波公司的供应链管理绩效指标

著名的管理学大师彼得·德鲁克先生说过:"没有测量,就没有管理。"小明也是这样想的。

看到天波公司各部门那避重就轻、驴唇不对马嘴,剔除各种"意外情况"的绩效考核分数,小明决心先从正确的绩效指标和评价方法入手,为卓越供应链管理转型做好准备。

为什么说天波公司各部门的绩效指标避重就轻、驴唇不对马嘴呢?

例如,销售订单及时交付率的指标放在销售部,意味着如果某些客户的销售订单及时交付率低于目标,销售人员就要被扣钱。刚开始销售人员还会追计划、生产、物流来保障按时交付,后来发现供应链的问题太多,自己根本追不动,于是在被多次罚款之后,所有销售人员集体躺平。再例如,物料的库存指标背在采购人员头上,理由是采购人员要对供应商的供应水平负责,这让采购人员很无语。最惨的还是物流部,因为生产部经常不能按时完成生产,导致物流部不能按时发运,但是从指标上看,物流部的准时发货率就是很差,背了黑锅。这些指标问题错综复杂,难以解决,时间久了,所有人都习惯性地躺平了。

对此,小明决定使用上文介绍的供应链管理关键绩效指标,梳理供应链相关部门的职责,以起到拨乱反正的作用。天波公司的供应链绩效指标报表见表2-5。

表2-5 天波公司的供应链绩效指标报表

序号	指 标	计算方法	目前情况	责任部门	考核频次
1	客户订单准时交付率	一段时间内,准时齐套交付订单的数量/总订单数量×100%	80%	计划	月度
2	预测准确率	$[1-ABS(A-F)/F]\times100\%$,F=月度预测数量,A=月度实际数量	40%	销售	月度
3	主计划达成率	实际出货数量/计划出货数量×100%	70%	计划	月度
4	内部订单满足率	准时齐套完成的内部订单数量/总的内部订单数量×100%	85%	计划	月度
5	制造工单准时完成率	准时齐套完成的工单数量/总工单数量×100%	88%	生产	月度
6	产能利用率	产能利用率(稼动率)=(负荷时间－停机时间)/负荷时间×100%	80%	计划	月度
7	供应商准时交付率(按计划)	按计划准时足量交付的采购订单数量/总采购订单数量×100%	88%	采购	月度
8	供应商准时交付率(按承诺)	按承诺准时足量交付的采购订单数量/总采购订单数量×100%	95%	采购	月度
9	存货周转天数	360/存货周转次数	15天	计划	月度
10	交付周期	客户订单处理周期＋生产周期＋物流周期	21天	计划	月度

在梳理绩效管理的同时,小明一改以往各部门串联关系的传统供应链管理模式(销售－计划－采购－生产－仓储－物流),决定把计划部提起来,牵引整条供应链,搭建卓越供应链管理模式,如图2-8所示。

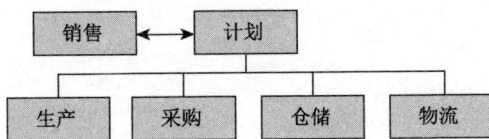

图 2-8　以计划为龙头的卓越供应链管理模式

　　关于计划部的组织架构,除了已有的生产计划员和物料计划员,小明增设了主计划员,负责中长期的供需匹配管理与关键供应约束检查,为管理产销协同做好准备。

　　在理顺了战略、绩效、职责、管理模式和组织之后,接下来小明需要抽出时间思考天波公司的需求管理有哪些问题亟待解决。

第三章　需求管理

如果说"一套计划"是卓越供应链管理的龙头,那么需求管理就是"一套计划"的源头。

需求管理在按库存生产(MTS)模式下包括销售预测、销售计划和要货计划,即以销售预测数据为始,经过需求计划经理判断,由销售总监批准生成销售计划,再考虑期初与期末成品库存的变化,生成要货计划,即要货计划=销售计划-库存(期初成品库存量-期末成品库存量);在按订单生产(MTO)模式下,由于无成品安全库存,即库存(期初成品库存量-期末成品库存量)=0,故要货计划=销售计划。除了以上内容,需求管理还包括从客户需求、需求评审、客户订单到销售订单的全履行过程管理。

在本章,笔者将介绍需求管理方法、商机管理方法、提升销售预测准确率的方法、客户信用管理方法、销售订单管理方法、订单标准交期管理方法和可承诺销售量的算法,帮助大家学会一系列管理需求的实用方法。

需求管理在卓越供应链管理框架中的位置如图 3-1 所示。

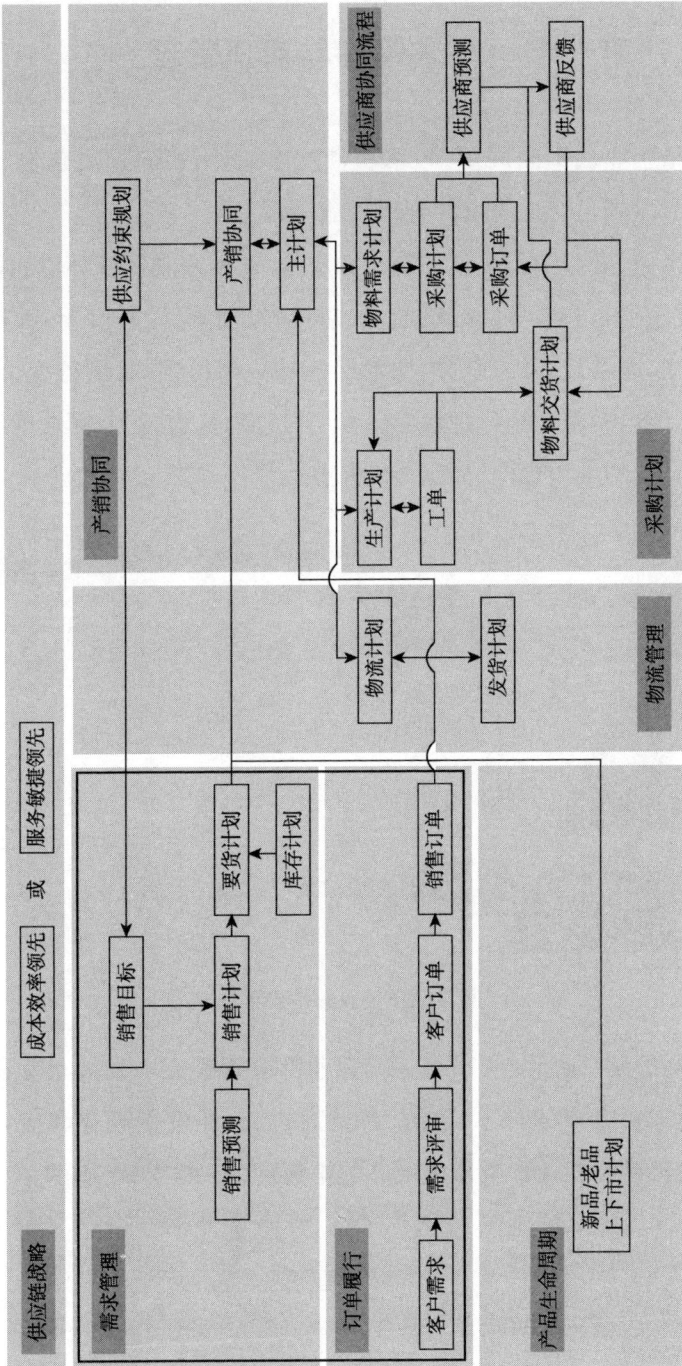

图3-1 卓越供应链管理框架图之需求管理

注: 为节约篇幅, 从本章起仅以MTS模式作为卓越供应链管理框架图示例。

第一节　需求管理与商机管理

需求管理是指企业从不同展望、频率和颗粒度期评估销售预测，制订销售计划，指导供应计划，以满足客户需求的管理活动。

以某500强企业为例，销售预测的制定方法是：根据宏观经济环境和行业发展趋势，营销部需要输出未来5年的战略层（长期）销售预测，颗粒度粗；根据行业发展趋势和客户预测，需求计划经理输出战术层（中期）销售预测，颗粒度由粗到细；根据客户预测和订单，需求计划经理输出运营层（短期）销售预测，颗粒度细到产品料号。某500强企业的销售预测，如图3-2所示。

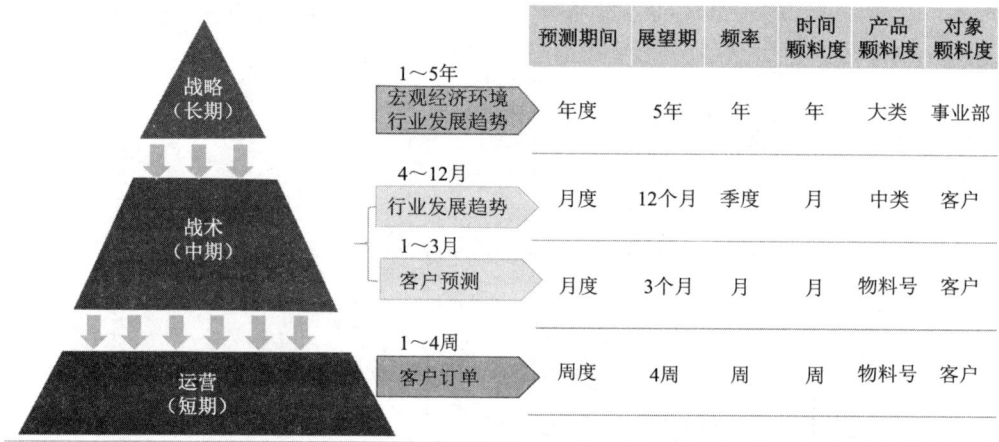

	预测期间	展望期	频率	时间颗料度	产品颗料度	对象颗料度
1～5年 宏观经济环境 行业发展趋势	年度	5年	年	年	大类	事业部
4～12月 行业发展趋势	月度	12个月	季度	月	中类	客户
1～3月 客户预测	月度	3个月	月	月	物料号	客户
1～4周 客户订单	周度	4周	周	周	物料号	客户

图3-2　某500强企业的销售预测

关于销售计划的制订过程，几乎每一家企业都会根据企业发展目标制定销售目标，而销售预测来自客户的订单、预测、市场商机、行业发展趋势和宏观经济环境，销售目标与销售预测相互影响形成最终的销售计划，如图3-3所示。

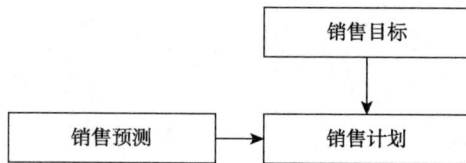

图3-3　销售计划的制订过程

　　销售目标与销售预测的关系是,销售目标代表想要销售的数量,销售预测代表能够销售的数量。通常来说,产能要根据销售目标制定,销售目标要高于销售预测,才能驱动销量增长。但是在个别情况下,如某一年的夏天特别热,空调的销售预测会高于年初制定的销售目标,导致产能跟不上销售计划,企业应该怎么办呢?

　　为了最大化的满足实际销量,企业应充分考虑销售目标、销售预测与产能的差异,根据不同情况采取恰当的措施,分别是:

　　(1)当销售预测低于销售目标时,企业需要想办法增加销量,以便达成销售目标。供应链可以采取的措施是加快新品上市上量,如汽车每 1~2 年就要更新换代,目的是促进销量;销售可以采取的措施是促销返利,如很多家电品牌不停地打折促销,就是为了促进销量。

　　(2)当销售预测高于销售目标时,如对空调旺季的销售目标制定过于保守,而销售预测超过最大产能时,供应链可以采取的措施是削峰添谷、提前屯货,以便交付高于销售目标和产能的销量。

　　(3)当销售预测高于产能时,供应链可以加班加点、供应商可以提前备货,以便增产保供。

　　(4)当销售预测低于产能时,供应链可以减产、调休并降低库存,以便合理安排资源,节约现金流。

　　销售目标、销售预测与产能的差异与补救措施如图 3-4 所示。

　　那么,对于新的商机,虽然还没有签单,但是供应链需要提前准备资源才能满足商机要求,应该怎么管理呢?

　　我们可以进行商机管理。让我们想一想,从商机到签单,会经历几个步骤?

　　答案是五个步骤,分别是:

　　(1)识别商机;

　　(2)确认商机;

　　(3)制定方案;

　　(4)达成意向;

　　(5)签单。

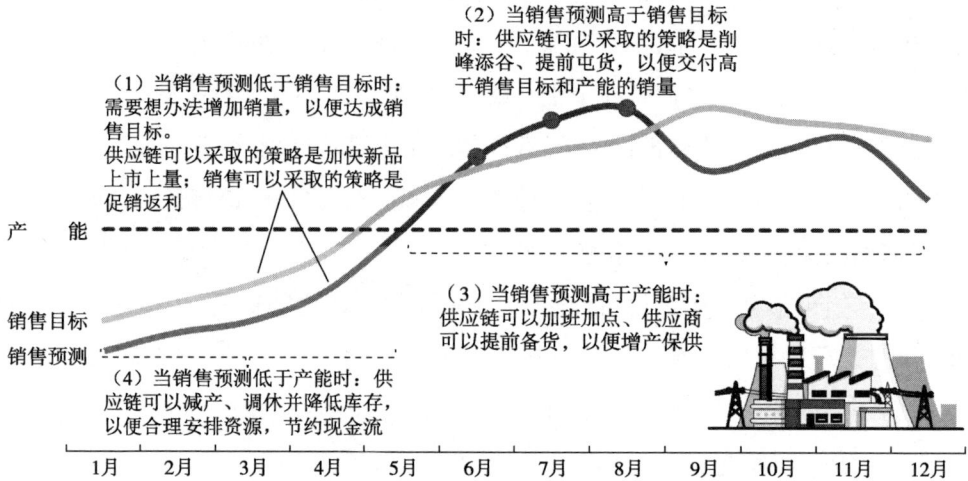

图 3-4　销售目标、销售预测与产能的差异与补救措施

　　例如，某装备制造企业，基于历史数据测算，在识别商机阶段，签单的概率有 10%；在确认商机阶段，签单的概率有 25%；在制定方案阶段，签单的概率有 50%；在达成意向之后，签单的概率有 75%；在签单时，概率是 100%。某装备制造企业的商机预测如图 3-5 所示。

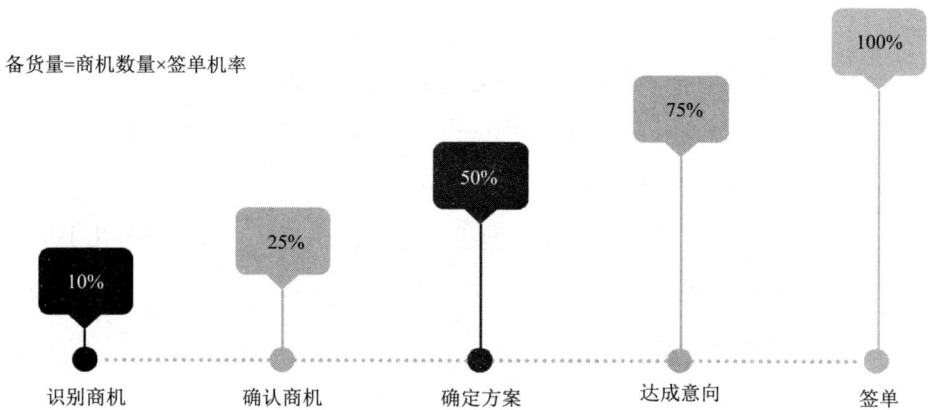

图 3-5　某装备制造企业的商机预测

　　销售部应该据此提前在销售计划中体现商机需求，即商机数量乘以签单概率，指导供应链提前购买关键物料并准备产能资源，不要等到签单后再紧急插单。

第二节　如何提升销售预测的准确率

很多企业都在思考一个问题:如何提升销售预测的准确率?

这是整个供应链管理中最难解决的问题。道理很简单,如果销售预测准确了,供应链也就不需要柔性了,企业按照中长期销售预测购置厂房、扩充产能,再按照中短期销售预测买料、排产、生产、运输就行了,但现实问题是,这个世界尚没有能够准确预测未来的技术。因此,对于销售预测,供应链只能期待大致准确,而不能期待完全准确。

销售预测的难度随着行业的不同而不同。例如,对于冰激凌行业,它的销售量与季节和温度强相关,与人口密度也紧密关联,在一个地区的年度总消费量差距不会太大,也就是说,它的历史销售数据相对可靠,它的变量可预测。在这种情况下,企业可以采用定量的方法,如移动平均法,根据历史销售数据来测算未来的销售量。当然,这是极个别的情况,只适用于市场波动相对稳定,变量因子明显的行业。对于绝大多数行业来说,如某些新材料行业,由于行业处在大发展阶段,产品迭代快,竞争对手不断出新,历史销售数据不具有参考性,需求真的很难预测。

虽然很难,但是有一些经典方法可以借鉴。

提升销售预测准确率有定性和定量两类经典方法,其中使用最多的不是定量法,而是定性法。例如,邀请行业资深的专家对未来的销量做评估;由总经理、销售总监与供应链总监一起协商;由销售人员评估(此法最常用,但是销售人员往往出于完成销售目标或者凸显个人绩效的考虑,会激进地预测销售数量,造成库存的积压);客户市场调查(向客户发放问卷询问未来的需求,但是客户如果不靠谱,此法也不准确)。可见,定性法虽然常用,但是还不能确保提升销售预测的准确率。

销售预测的定量预测方法,如图 3-6 所示。

```
                          ┌─ 专家判断法
                          │
                 ┌─ 定性法 ┼─ 管理层集体评定法
                 │        │
                 │        ├─ 销售人员评估法
                 │        │
                 │        └─ 客户市场调查法
预测方法 ─┤
                 │                        ┌─ 移动平均法
                 │                        │
                 │                        ├─ 简单指数平滑（一阶）
                 │             ┌─ 时间序列法 ┼─ 霍尔特模型（二阶）
                 │             │            │
                 │             │            ├─ 季节性指数平滑（三阶）
                 │             │            │
                 └─ 定量法 ─┼            └─ Croston模型（离散型）
                               │
                               │            ┌─ 简单线性回归
                               ├─ 因果模型 ─┤
                               │            └─ 多元线性回归（MLR）
                               │
                               └─ 机器学习模型 ─ 决策树梯度提升算法
```

时间序列法：最常用模型，通过对历史需求的分析，自动识别需求规则，产生对未来的大数据统计预测

因果模型：需存在强相关因子，例如整车销量对于汽车售后备件的预测、零售行业人口社区数据对于单店销量的预测等

机器学习：高级算法，需很成熟的流程基础及数据质量基础

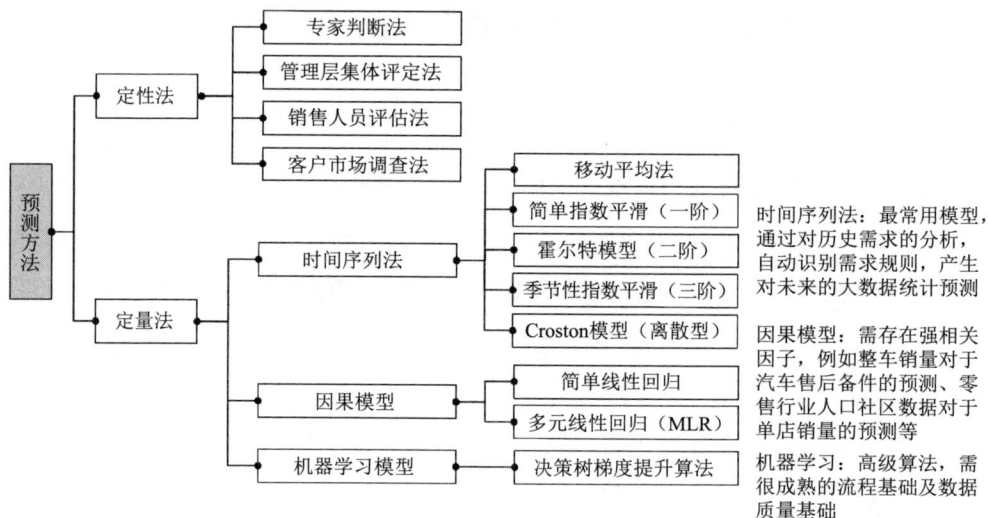

图 3-6　定性与定量的需求预测方法

既然定性法不准确，定量法不适用，难道就没有提升销售预测准确率的方法吗？

有一种很慢很久才能见效的方法，叫作"偏差学习法"。

对于销售预测来说，所谓不准，就是有偏差。

那么，在每一次出现偏差的时候，企业的销售部和供应链管理部能不能坐到一起，分析偏差的原因呢？例如，有的销售人员为了保证销售业绩，总会把预测做得很丰满，销售业绩却做得很骨感，那么，对于这样的人，能不能单独挑出来，对他做的预测根据历史准确率打一个折扣呢？如 50%。如果销售预测与销售业绩相差得太离谱，就要通报批评，通过这种手段让销售人员重视销售预测，不敢随意写数字，而是更加负责任地推敲，销售预测的准确率就有可能提升。因此，相对于经典的定性与定量预测方法，笔者更加推崇"偏差学习法"。

想要用好偏差学习法，企业要按照以下四个步骤实施。

（1）获取偏差。

①获取实际达成数据；

②收集上一预测区间预测影响因素的实际发生情况。

（2）分析偏差。

①分析预测偏差及其形成原因；

②分析预测影响因素的变化和趋势及其隐含信息。

（3）充分讨论偏差。跨部门、跨职能、跨管理层级讨论。

（4）总结并运用从偏差中的所得。校正/补充之前没有充分了解并量化的影响因素。

当然，只有方法，没有合适的人，销售预测也很难提升。这个合适的人，是指这个人在公司要有合适的地位并具备合适的能力。

对于地位的要求，既然销售预测是整个供应链中最难管理的环节，那么，负责销售预测的人（通常是需求计划经理）的地位就应该越高越好，他要直接向销售总监和供应链总监汇报，获得将销售与计划拉到一起讨论偏差的权力。

对于能力的要求，这个人应该既有销售管理经验又有计划管理经验，这样才有足够的知识、经验和技能整合企业内外部资源，将销售预测做得更加准确，这才是提升销售预测准确率之道。

总结下来，一家企业想要提升销售预测的准确率，一定不能期望找个药到病除的神医或大师，而是需要有足够的耐心，舍得投入资源，大力培养人才，将销售预测相关的每一个环节都做精做透，尤其要重视偏差管理，这样才能一点一点地提升销售预测准确率。

第三节 销售预测的四个规律

在辅导企业的过程中，笔者发现很多高管对销售预测认知不正确，期待不切实际，浪费资源做无用功。

例如，有的高管曾对我说："姜老师，把销售预测的准确率提高到95％就可以了，剩下的事情供应链自己就能搞定。"

我心中暗想，"这个95％怎么算？是按总量、大类还是每一颗物料的预测准确率？是多久的预测准确率？"刚要澄清细节，我转念一想，客户现在的问题不是预测准确率如何计算的问题，而是不懂销售预测，期待过高的问题，因此，我应该沿着正确的方向引导才对。

于是我回答："关于预测，我要说明四个规律——

(1)所有的预测都是错的。因此我们只能衡量不同时间段、不同颗粒度的预测偏差率，分析原因，逐步改善。

(2)颗粒度越大的预测越准确。例如，某个小学有 1 000 名学生，如果问我一年级二班有多少名男同学，我难以说准，因为我不知道一年级的总人数，也不知道一年级有几个班。但是如果问我这个小学总共有多少名男同学，我会说 500 名左右，与准确数量的偏差不会大于 20%，也就是说预测准确率≥80%。

(3)越短期的预测越准确。这就如同我请朋友吃饭，如果我说今晚请吃饭，基本不会变卦，但是如果我说下周末请吃饭，因为临时有事爽约的可能性会大于 50%。

(4)预测准确率并非越高越好。在一个理想区间，如 70%~80% 的预测准确率，就足以削减因预测错误给供应链带来的成本损失。通过合理的库存设置和物料供应端与生产端的强执行，供应链就会有能力应付那 20%~30% 不准确的预测。对于高于 80% 预测准确率的诉求，企业往往要付出更多成本，例如购买商业报告、聘请销售预测专家、开发销售预测系统等等。随着预测准确率的提升，企业付出的成本会远大于纠正预测准确率带来的节约，得不偿失。

因此，我们要结合自己行业的特点，制定合理的预测准确率区间，70%~80% 是适合绝大多数行业的参考值。"

需求预测准确率的成本模型如图 3-7 所示。

你问我答

需求计划经理岗位应该放在哪个部门

Q："姜老师，公司想要设置需求计划岗位，应该是个什么职级？放在哪个部门呢？"

需求预测准确率成本模型

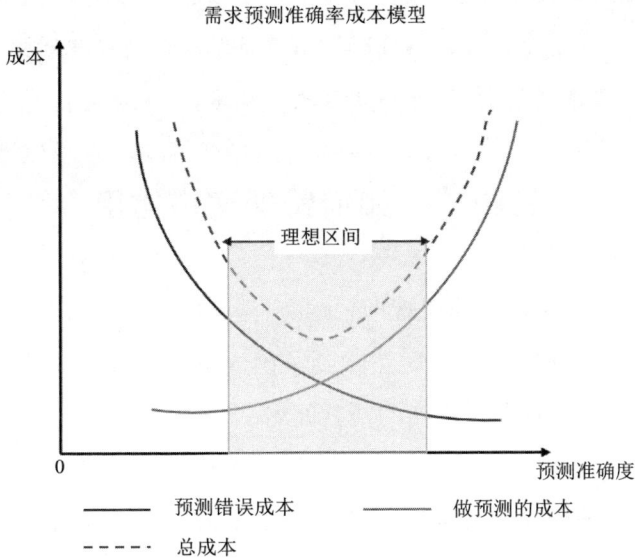

图 3-7　需求预测准确率的成本模型

A:"关于需求计划的职级,根据公司体量大小,应该给到经理级或成立需求计划部。因为需求计划人员既要基于销售数据经过专业判断输出销售预测,又要与销售总监协同输出销售计划,还要与供应计划协同拉通,最终形成一套计划,只有给到经理级才能吸纳具有较强专业技能和较强沟通能力的人才胜任该项工作。

关于需求计划岗位的归属部门,答案并不唯一。有的公司会把需求计划经理岗位放在销售部,有的公司会放在计划部,各有利弊。放在销售部的好处是容易与销售发展关系,但问题是可能与后端的计划部衔接不畅;放在计划部的好处是容易理解供应链的需求,严格管控销售数据,但问题是制作出的销售预测和销售计划可能保守,令销售不满。所以我建议根据企业的不同发展阶段将需求计划经理放在不同部门。例如,在需求计划搭建初期,可以把需求计划经理岗位放在销售部,以便获得销售部的支持,尽快搭建需求计划管理体系;在需求计划运行之后,需求计划与后端的供应计划会有脱节或扯皮问题,这个时候,可以把需求计划经理岗位划归计划部,形成一套计划驱动全链的管控模式,增加需求计划与供应计划的集成度。但是在实际工作中,有些公司基于销售部与计划部的力量博弈,在需求计划经理岗位归属计划部一段时间后，又会将需求计划经理再次划归销售部，推动供应链增加柔性，满足更多紧急订单；一段时间后，再将需求计划经理划归计划部，推动销售部加强与客户需求的协同，提升销售预测准确率，依次循环往复。"

第四节　如何管理客户信用

笔者在一家汽车零部件公司管理采购时，遇到一件敢怒而不敢言的事，就是公司新来的销售总监（外籍人士），居然跑到某国内整车品牌接单，而业内人士都知道，这家整车厂以恶意拖欠供应商的货款闻名。

"客户不承担模具费？"当新项目开始时，我已嗅到危机。

"客户说摊到单价里。"销售总监摆摆手，意思是说不用我操心。

"我拿什么买模具呢？"对此我感到莫名其妙。

"你能让模具供应商先把模具做好，半年后再付款吗？到时客户的钱就到账了。"销售总监不会管理客户，倒会管理采购。

最后笔者费了九牛二虎之力，终于把账期谈了下来，可惜客户那边始终找各种理由恶意拖欠货款，甚至拿着公司的设计资料开发价格更低的二供，导致公司赔了几千万元。

这就是没有系统地管理客户信用的恶果！

客户信用管理是企业防范财务风险的必备措施，用最通俗的话讲，就是评估客户的信用风险和经营风险，确保客户履约。

通常，企业会把客户信用管理的职能给到销售部或财务部。销售部管理客户信用的好处是了解客户和业务需要，但问题是销售人员与客户的关系太近，一旦人走了，货款有无法收回的风险；财务部管理客户信用的好处是监管力强，但问题是不了解客户和业务，可能耽误商机。想要平衡商机和风险，可以由销售部管理客户信用，财务部审批，遇到争议由总经理决策。

想要管理好客户信用，企业要建立有效而又全面的评估机制，只有预知风险，才能规避风险。

这个风险,首先是指客户的财务状况,"巧妇难为无米之炊",即使客户再讲信用,但是没有现金流,一切等于零,因此,公司需要通过客户的"三表"判断客户的营收状况和现金流。

但是,现金流好就代表客户信用好吗?

肯定不是,有很多企业账上躺着几百亿元现金等着投资,但就是不给供应商付款,你说它的信用好吗?

因此,企业需要对客户的行为进行记录和打分,以便评判它的信用好坏并进行优先级排序。

一般按照以下五点进行评分。

(1)客户的经营规模和财务健康度。统计客户过去三年的销售额,监控客户的关键财务指标,如流动资产对流动负债的比率、现金流,以便评估客户的经营规模和财务状况。如果发现客户财务状况恶化,如流动资产对流程负债的比率小于1.5,则应该评估是否终止供应。

(2)客户的信用状况。统计客户最近一年的付款是否及时,如果不及时,不及时的时长和原因是什么,然后根据这些因素来判定客户的信用等级。

(3)客户的下单金额。统计客户近一年或者两年的下单金额,按照下单金额从大到小对客户排序。

(4)客户的发展前景。针对新客户,企业通过考察、查询等手段,挖掘客户的潜在价值,然后人为判断其重要性。新客户因为没有历史交易记录,很难用具体数据来支持决策,只有通过主观判断,才能确定客户的优先级。

(5)客户对企业利润的贡献率。这个方法不但考虑客户下单的金额,还考虑其购买产品给企业带来的利润,具体做法是,统计客户近一年的采购量及其购买产品的利润率,计算给企业创造的利润,再按利润的大小排名,决定客户的优先级。

以上五个指标都只是从某一方面进行评估,不免有失偏颇。例如,虽然客户信用状况很好,但是一年才下100万元的订单,没有给企业带来多少价值;再例如,客户的下单量虽然比较大,但是购买的都是低利润的产品,或者信用状况不好,老是拖欠货款,也不会成为高优先级的客户。

因此,企业需要给不同指标赋予权重,给客户加权评分,之后,企业可以按照分数高低给客户排序和分级。例如,排名靠前的客户可以获得一定的授信额度、排产优先级和安全库存,排名靠后的客户必须现金购买且排产靠后;同样的,对于销售资源的分配,也是大客户协同优先,小客户往后排。

至于对客户分级的频次,鉴于国内经济形势波动性较大,笔者建议每半年更新一次客户分级,集中精力服务大客户,关注长尾客户数量的增减,确保企业健康有序发展。

第五节　如何端到端地管理销售订单

介绍完客户信用管理,接下来我们聊聊销售订单。

Q:"销售订单有什么好聊的? 不就是一张单子吗? 告诉供应商,客户要多少货、何时要、多少金额等等。"

A:"当然不会这么简单。要知道,销售订单的重要性在于,即使计划做得再漂亮,如果没有销售订单,一切等于零。一家企业能够存活和发展,最终就看能拿到多少销售订单,并满足订单的要求。"

从"三流"的角度看,销售订单代表了需求信息,是信息流的起点,拉动物资流和资金流。从卓越供应链管理的框架看,销售订单的履行贯穿了供应链的始末。

Q:"在一家公司中,应该由谁对接客户的采购订单,从而生成销售订单呢?"

A:"一般来讲,由销售助理接单(有的公司会设置客服专员接单)。"

Q:"怎么不是销售经理呢?"

A:"销售经理负责把握商机,与客户达成协议,到了具体接单的环节,一般交由销售助理。"

在确认销售价格、产品和交期无误后,销售助理将客户的采购订单信息录入系统,生成销售订单,再由财务部和计划部负责评审(各行各业负责评审订单的部门可能不一样,笔者仅以财务部和计划部作为示例)。

财务部要评审这一单是否赚钱,客户是否有欠账或违约等信用问题,评估这个订单的收益与风险,如果风险较大,财务部会叫停。计划部要评审物料、产能与交期,如果当月生产已经排满,客户又下急单,就要向销售助理报告,再由销售助理向客户沟通,看看是撤销订单还是分批发货或是接受新的交期。

有的时候,对于新开发项目,还需要项目部和研发部参与订单评审。如果物料经常短缺,采购部也会参加评审。

通过评审之后,客户的需求才正式被传递到供应链。

Q:"供应链应该如何按时足量地完成这个销售订单呢?"

A:"这不再是销售助理需要解答的问题,而是主计划员需要解答的问题。"

如果企业的生产模式是按库存生产,在库存充足的情况下,主计划员指示物流部向客户指定的地点发货即可。如果订单量不大,对生产计划就不会产生影响。因为在按库存生产的情况下,生产计划是按照主计划进行的,而主计划来自要货计划,要货计划来自销售计划和库存计划,跟某个销售订单不直接发生关系。

如果企业的生产模式是按订单生产,那么接下来的工作就不像按库存生产这么简单,因为企业在同一时间还有别的客户和别的订单需要生产和交付,这就需要主计划员依据不同的销售订单交期、客户优先级、物料供应计划和排产计划来详细计算最优解。在完成排产计划之后,系统将生成制造工单,告诉生产部需要何时从仓库领多少料,生产多少产成品,产成品何时入库。在物料及时入库,生产节拍稳定的情况下,制造工单才能及时足额完成。接下来,物流部需要根据销售订单的时间、数量、地点生成成品出库单、装箱单和发货单,将产成品及时足额送到客户的指定地点,完成客户订单的交付,满足客户的期待。

如果企业的生产模式是推拉结合,既有一定的安全库存,又可以按订单生产,就要结合以上两点来具体情况具体分析。

如果企业的生产模式是按订单设计,接到销售订单之后,主计划员就不再起到主要作用,而是项目经理起主要作用,因为产品的定制开发一般都以项目制管理。在前期,项目经理和项目组(销售、研发、计划、采购、质量等角色)需要对接客户的需求,提供满足客户需求的设计方案和项目计划,并按项目计划实施下去。双方签署的文件也不只有商务合同和订单,还有战略合作协议、商务框架协议、技术开发协议、工作说明书等明确双方的职责、义务和工作范围的文件。毫无疑问，此时供应链管理的重点是支持项目组在项目计划的周期内完成设计工作，及时拿到首版销售计划并顺利完成量产期初的爬坡计划，再与客户的采购计划协同，决定对应的库存策略和供应策略。

可见，客户的订单不只是一张纸，而是代表了客户的需求，指导企业的生产模式。

如果客户需求量大、要货频次稳定且要求快速交付，那么企业往往需要按库存生产；如果客户需求量小、要货频次不稳定且多品种，企业往往需要按订单生产；如果客户需要企业来开发产品，企业就需要按订单设计。

而无论采用哪种生产模式，企业都需要在不增加成本的情况下，在供应链的各个环节不断寻找缩减交付周期的机会，例如通过先进的信息系统缩短订单评审时间，不断提高供应链的运作效率，才能赢得同行业间供应链的竞争。

你问我答

内部购销怎么管

Q："姜老师，为了完成不同地方的税务指标，我们公司经常发生内部购销，即实物从 A 工厂发给客户，但是账上是从 A 工厂发给 B 工厂，再由 B 工厂发给客户。为了把账走通，财务部要求采购部以 B 工厂的名义向 A 工厂发采购订单，再由销售以 A 工厂的名义做销售订单并联系 A 工厂的物流员做发货单；实物从 A 工厂发出后，在客户收货前，由采购人员联系 B 工厂的库管员走入库和出库手续。待客户付款后，再由销售人员以 A 工厂的名义申请开票，采购人员以 B 工厂的名义请款，财务部向 A 工厂付款。我认为采购人员和销售人员做这件事情完全没有价值，而且采购人员不知道货发没发、客户款付没付，销售人员不知道 B 工厂是否完成入出库，断点很多，协同起来费时费力。"

A："你描述的是大多数公司对于内部购销的常规处理方法。为了合规，财务部自己不能下订单、收发货，只能委托采购部和销售部来处理，尤其对于想要上市的企业，为了确保尽职调查顺利通过，只能通过多部门协同来完成内部购销流程。

如果内部购销的订单不多，这么做没问题。采购部和销售部也不要觉得没有价值，想一想你帮公司完成了多少税务指标，甚至节省了多少税款，这些付出还是值得的。但是如果内部购销的订单很多，这样分工确实效率低下。

此时，财务部应该将内部购销全权委托给销售部管理，在销售部设置内部购销订单员岗位或者成立内部购销订单组，授予这个岗位同时处理销售合同/订单/申请开票和采购合同/订单/申请付款的权限。由于该岗位在销售部，比采购部更加容易获知客户的收货和付款信息，处理内部购销交易的效率更高。

对于 ERP 系统比较发达的公司，还可以使用库存转移订单（stock transfer order，STO）提高效率。STO 是专门用来处理公司间交易的系统功能，它的工作原理是，假设有两家公司，在系统中公司代码分别是 1 000 和 3 000。3 000 是卖家，1 000 是买家。

如果 1 000 建立一张采购订单，这张采购订单会自动触发 3 000 的销售订单；3 000 开一张交货单，也会自动触发 1 000 收货，省去了 3 000 做销售订单和 1 000 做收货的环节，提升了内部购销的效率。"

第六节　如何管理订单标准交期

接到客户订单后，难的不只是对于订单的管理，还有对于标准交期的管理。

订单标准交期是用来引导客户按照既定的提前期下订单的计划参数，以便减少急单和插单。企业往往需要根据不同的成品交付模式和客户服务水平制定不同的订单标准交期，以便合理分配供应资源，提升客户的整体满意度。

成品的生产模式有四种，分别是：按库存生产（MTS）、按订单生产（MTO）、按订单装配（ATO）和按设计生产（ETO），其中最常见且不好区分的生产模式是 MTS 和 MTO，需要企业根据客户需求、内部生产能力和供应商交付能力等因素综合考量决定。

MTS 产品的生产计划主要依赖销售部门提报的预测。客户来订单时，直接从仓库出货，一般能够保证客户在 48 小时内收货，因此 MTS 产品的标准交期往往较短，它的供应链管理重点在于如何提升预测准确率、如何设置成品库存水位和如何计划生产批量。

MTO 产品的标准交期往往需要考虑端到端的供应链活动。例如，订单响应时间（含订单评审时间）、平均排队时间（受客户优先级、待生产订单数量和设备切换的限制）、生产时间、发运准备时间和运输周期。因此，MTO 产品的标准交期往往比 MTS 产品的标准交期长。

在实际工作中，为了更快地满足客户交付需要，很多企业会按照客户的重要度划分产品的生产模式。例如，相同的成品，对 A 类客户是 MTS，对 B 类或 C 类客户是 MTO，以便给 A 类客户提供最短的标准交期，提升 A 类客户的满意度。

在对订单标准交期及订单履行的管理中，有五个常见问题需要我们考虑清楚，分别是：

（1）如何给客户承诺标准交期？

（2）如何响应客户的紧急订单？

（3）产能分配的原则是什么？

（4）按订单生产，还是按经济批量生产？

（5）什么情况下客户可以延后订单，什么情况下客户可以取消订单？

想要知道答案，我们需要分析客户的下单习惯和重要性，重点分析以下五点：

（1）交期要求。客户是否要求合理的交期？如果不合理，需要销售人员引导客户协同并确认客户的优先级，供应链要优先保障高优先级的客户订单。

（2）紧急订单比例。紧急订单是指低于标准交期的订单。如果客户的紧急订单比例过高，就会透支供应链的柔性，需要综合考虑客户的重要性。如果客户重要，供应链可以适当备库存，变成半 MTO 半 MTS 或全 MTS 的生产模式，满足客户的紧急订单；如果客户的重要性居中，销售人员需要提前告知客户标准交期并不时提醒客户提前做好计划并下发订单；如果客户不重要，则不允许紧急插单。

（3）订单提前期。例如，有的客户在每周四下发下一周的订单，而有的客户会提前一个月下发下个月的订单。本着"谁先下单、谁先承诺、谁优先"的原则，供应链往往把产能优先分配给订单提前期长的客户，但是在实际工作中，有的大客户会强迫供应商总经理将别的客户的已承诺订单推后，破坏"谁先下单、谁先承诺、谁优先"的原则。如果某供应商这样的客户和场景很多，对大客户的依赖性很强，需要随着大客户的发展而发展，就需要将产能分配原则改为"谁重要、谁优先"，将客户的重要性视为最优先排产的考量因素。虽然从供应链的角度出发，"谁重要、谁优先"会打乱排产计划，但是总比没有规则，任由销售频繁插单强。好的供应链管理既要解决自己的问题，又要支撑企业的发展，所以供应链管理规则只能依据企业的具体情况量身定制，绝不能想当然。

（4）订单数量。尽量由销售人员引导客户，不低于经济生产批量订货，否则供应链需要分析客户一段时间内的需求量，如果呆滞风险小，可以按经济生产批量生产并持有库存；如果呆滞风险大，则要按订单数量生产，额外的生产成本由销售人员转嫁给客户或出于战略考虑内部消化。

（5）订单变更。从法律的角度看，客户的采购订单是对供应商合法利益的保护，一旦客户想要延后或取消订单，给供应商造成的一切损失须由客户承担。但是在实际工作中，考虑到客户关系，供应商不可能不允许客户延后或取消订单，但也不可能没有限度地容忍，这就需要制定一个明确的订单变更规则约束客户的行为。从标准交期和销售预测的角度考虑，会有四种情况。

（1）满足标准交期且在预测范围内。这样的订单只能适当延后，不能取消，因为物料已经按照预测备齐，排产也已安排，一旦取消对供应商造成的损失较大；

（2）不满足标准交期且在预测范围内。这样的订单只允许大客户适当延后，不能取消，因为对供应商造成的损失最大；

（3）不满足标准交期且在预测范围外。这样的订单可以延后或取消，以便释放物料和产能资源给满足标准交期且在预测范围内的订单；

（4）满足标准交期且在预测范围外。这样的订单可以适当延后甚至取消，以便释放物料资源给到预测范围内的订单。

订单延后及取消规则如图 3-8 所示。

销售预测
范围内

只允许大客户延后，不能取消　　　　只能延后，不能取消

不满足　　　　　　　　　　　　　　　　　　标准交期
　　　　　　　　　　　　　　　　　　满足

可以延后或取消　　　　可以延后或取消

范围外

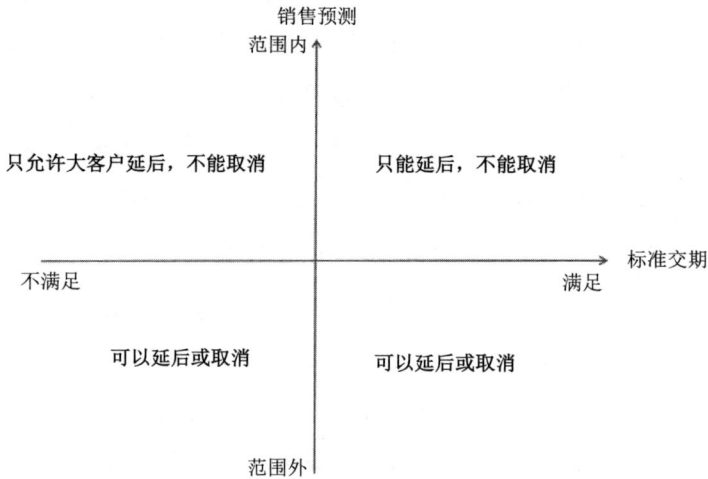

图 3-8　订单延后及取消规则

当然，由于面临的市场竞争程度不同，客户的下单习惯不同，企业不见得有能力按以上规则约束客户的行为，而要制定不同的订单变更规则，请大家务必灵活运用。

第七节　如何计算可承诺销售量

在管理供应链时，你会遇到很多专有名词，这些专有名词往往代表着某种方法或工具。例如，APS、TMS、WMS、MES，等等。本着只要上网搜索查得到，本书就不做深入探讨的原则，笔者不会对所有专有名词一一讲解。但是对于 ATP，由于对于需求管理十分重要，笔者将通过通俗易懂的文字帮助大家理解它的意思和作用。

Q："什么是 ATP?"

A："ATP 是 available to promise 的缩写，意为可承诺销售量，是指当客户询问在什么时候可以供应多少时，供应商的答复。"

这个场景，就如同早上排队买煎饼果子。看着前面排着七八个人，你又担心上班迟到，就会高声询问店员，什么时候能排到你。店员按一个煎饼果子一分钟的制作时间测算，回复你需要等十分钟，这个回复，就是 ATP，是你决定下发采购订单

前的依据。如果你最终决定先不买煎饼果子，排在你后面的人就会排到你前面。如果过了几分钟，你还是决定买煎饼果子吃，会发现有十多个人排在你的前面了。这就是 ATP 的规则，代表供应商当时能够承诺的订单数量和发运时间，但是这个承诺只有很短的时效，如果客户没有立即下发采购订单锁定供应商的排产，供应商的承诺就会失效。

场景搞清楚后，我们将视角从采购这里转移到供应链，去理解 ATP 是怎么计算出来的，如何给到客户准确的承诺。

想要计算 ATP，我们需要检查成品库存、排产计划和物料供应。

检查成品库存的目的很简单，了解我们是不是有足够的成品库存满足客户的需求。

如果成品库存不够，我们再来看排产计划。通常来讲，一家企业的排产计划由三个因素牵引。一是客户订单，代表确定的需求，必须要按照既定的优先级排产；二是客户预测，代表可能的需求，在客户订单排产不足的情况下，有的企业会将确定性强的客户预测加入排产计划；三是产能，代表一定资源条件下（设备、场地、人员、物料等）的生产能力。

即使这样，很多企业在排产一到两周后，会有一些天没有排产，这些没有排产的天，就是闲置产能，可以拿来向客户的询问作出承诺。

例如，客户问，如果我现在下发一万件的采购订单，哪天可以交货？这个时候，主计划员需要检查排产计划，如果本周已经排满，下周有三天还没排产，每天生产 2 000 件，下周可以完成 6 000 件；如果下下周的周一和周二没排产，可以用来继续生产该产品；之后，再加上成品入库时间和出库检验时间，销售就可以答复客户，下下周四能够发运。这个答复的前提是有足够的物料库存满足新增的排产计划，或者物料的交期较短，能够及时供应。

但是如果物料的在库在途数量不足以支撑这个额外的需求，且物料交期较长，主计划员只能以物料的齐套时间加上生产周期帮助客户重新计划 ATP，看看客户能否接受。如果客户接受不了，把采购订单发给竞争对手，这个 ATP 就没有给企业带来效益。

当然，在现实工作中，销售人员可以根据信息系统计算的 ATP 直接回复客户，无须人工计算。一旦客户下发采购订单，销售人员需要第一时间在系统生成销售订单，锁定排产和物料，免得别的订单先进来，导致 ATP 不准确。

小明的故事

天波公司与客户协同的机制

"咱们对客户有分级管理吗？主要客户提前多久给我们发预测？预测准确率怎么样？"在销售预测准确率的专题研讨会上，小明一连串地发问。

销售总监略加思索，微笑着说："小明，看来你很不了解销售这边的情况，我给你介绍一下。我们现在总共有120家客户，按照三年累计销售额依次分为 VIP 客户、A 类客户、B 类客户和 C 类客户。"

"只是按照销售额？"小明的言外之意是，销售对客户分级考虑不周。

"目前是这样的。"销售总监还没意识到问题所在。

"以我的理解，VIP 客户应该是给我们带来主要利润的客户，而且是愿意协同的客户。你说是吗？"小明主动说出自己的想法。

销售总监点点头，说："应该是这样。"

"所以，我们统计过有多少个 VIP 客户给我们下发预测吗？预测的准确率如何？"

"销售部最近刚好统计了一下。在 78 家 VIP 客户中，提供三个月以上预测的有 8 家，1～3 个月的有 56 家，有 14 家没有提供预测，这 14 家占总销售额高达 50%，其中有一家是我们最大的客户，非常蛮横，得罪不起。"说到这里，销售总监挠挠头，暗示搞不定这家大客户。

"我知道你说的是哪家。这家的销售订单经常临时新增和取消，给供应链搞出很多加急运费，都找不到成本中心归类。"真是好事不出门，坏事传千里。一家企业想要积累好的口碑需要很长时间，但是一旦不讲信用，欺负供应商，很快就会传得行业内路人皆知。

"下次再有加急运费，供应链一定要在第一时间告知销售，我们来找客户要钱！"销售总监被这家最大的客户压迫得太久，也想出口气。

"加急运费倒是小事。客户临时增单和减单暴露了销售对于客户的下单提前期没有限制，导致排产计划、物料交货计划和运输计划都没有锁定期，更大的浪费发生在生产的紧急停线换线，供应商的紧急停线换线，物流公司的紧急车辆安排、等待和取消上。参考一些优秀企业的做法，我希望未来排产计划能有一周的锁定期。只要有了锁定期，我就可以给销售提供更加准确的交付期。"

销售总监想了一下，微微皱眉，然后缓缓地说："我需要一个游说客户的过程。"

小明能够理解销售总监的难处，但还是想要给供应链争取到一定的锁定期，于是接着说："我计算过，现在公司承诺给客户的标准交期是5天，其中2天是在途运输时间。只要客户在收货前5天内不变更订单，我们就可以给到生产3天的排产锁定期，其中一天用来生产，物料也就有了提前2天的交货计划锁定期。对于同省的供应商，在备有安全库存的情况下，2天足够安排运送了。"

看到小明这么坚持，销售总监也想帮帮供应链，于是回应说："我们可以先这么规定试试。我会让销售向每个客户传达，帮助供应链实现3天排产锁定期。"

"太感谢了，那么我们再说回客户分级，我觉得销售应该根据客户给我们带来的销售额、利润和未来成长性综合打分。现在这个时代不确定性因素太多，销售额固然美好，但是能给我们带来实实在在的利润和未来增长机会的客户也应该优先服务，你说是不是呢？"

销售总监点点头说："这么讲道理上说得通。我还要琢磨一下，设计一套更加科学的评价规则给客户分类。"

小明点点头，接着说："接下来我想跟你讨论供应规则，包括标准交期、最短交期和供应优先级。从道理上讲，对于VIP客户，我们应该优先供应，而不是像现在这样，什么客户的订单都在抢产能，搞得'没大没小'。"

"这是销售部管理的疏忽，必须优先供应VIP客户。"销售总监不住地点头。

"因此，我们应该在标准交期和最短交期的管理上做区分。例如，对于VIP客户的销售订单，在录入系统后，在不缺物料或备有成品库存的情况下，最短可以做到 1 天出货(需要总经理特批,供应链各环节开绿灯),最长 3 天出货,加上 2 天在途,也就是说承诺 5 天的标准交期和 3 天的最短交期;至于其他客户,保证 7 天内出货,即承诺 9 天的标准交期。"

"9 天太长了吧?"销售总监听到这个数字后,感到很为难。

"在产能充裕和物料充足的情况下,实际上不会大于 5 天,9 天只会出现在供应紧张的情况下。具体哪天出货,要看客户下单时我们的 ATP 能排到哪天。"

"这么分倒也合理,我同意。"毕竟这样的标准交期规则可以优先保障 VIP 客户,符合销售部的利益,销售总监自然同意。

"我还有一个担心,得跟你交换一下意见。"小明还是比较务实的。

"担心什么呢?"销售总监不解。

"其实我提客户分级和预测的事情,不是说请销售部定定规则,算算数据而已,更重要的是希望销售部与主要客户协同,例如每个月与每个 VIP 客户开一次产销协同会,把未来几个月的预测更加准确地带回公司,指导供应链准备资源、保障供应。

我有一个大胆的想法,可能难以实现,就是如果客户不给预测,供应链不会提前备料,到时客户想要货就得等……"

说到这里,小明有意看了一眼销售总监,发现销售总监的面色有些发青,看来触碰到他的底线了,于是不再往下说。

果然,销售总监稳定了一下情绪,语气缓慢地说:"与 VIP 客户开产销协同会是个好主意,销售部马上要做,但是没有预测就不备安全库存的事我们得缓一缓,毕竟现在市场竞争太激烈。就拿那个大客户来说,它每个季度都会招标,如果按照你的想法,我们很有可能因为交付问题丢单。"

"别担心,供应链也要为客户服务。既然这样,一方面还得麻烦销售人员多往 VIP 客户那儿跑,提早获得 VIP 客户内部的采购计划,把预测尽量做得准确些。另一方面,销售部可以参照经典的需求预测产品分类矩阵,针对不同类型的产品,采用不同的预测方法。供应链也将储备适当的库存,保障合理的客户服务水平。"其实小明心中早就有 B 计划。

需求预测产品分类矩阵如图 3-9 所示。

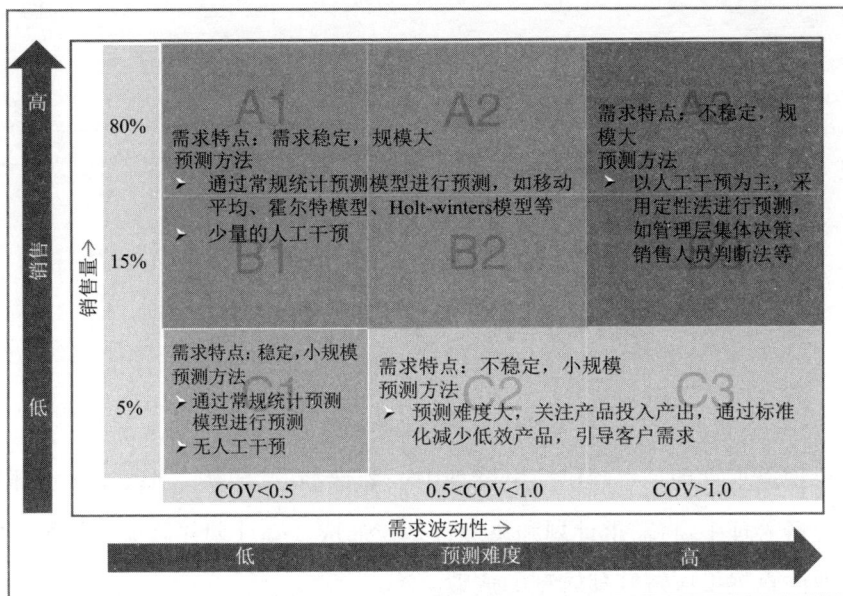

图 3-9　需求预测产品分类矩阵

注：COV 是 covariance 的缩写，是协方差的意思，计算公式是协方差＝需求信息的标准差÷平均值，用来衡量需求波动的程度。

"行！供应链能保供，销售部就能多卖。往后销售部就按照咱俩今天说的：

（1）销售部要给客户重新分级，识别真正的 VIP 客户；

（2）对不同级别的客户承诺不同的标准交期，例如，VIP 客户 5 天，普通客户 7 天，保障 VIP 客户优先；

（3）销售人员要定期与 VIP 客户沟通需求，使用需求预测产品分类矩阵，把销售预测做得更准确一些。"

"十分感谢！这肯定是一个漫长的过程，但只要销售和供应链协同起来，情况一定会越来越好。"小明对天波公司的卓越供应链管理转型充满信心。

提起销售与供应链的协同，很多卓越供应链管理的标杆企业会通过产销协同拉通需求计划与供应计划，形成"一套计划"驱动全链。那么，什么是产销协同？小明将如何帮助天波公司建立产销协同机制呢？

第四章　产销协同

如果说需求管理是卓越供应链管理中一套计划的"源头"，那么产销协同就是卓越供应链管理中，将需求计划和供应计划拉通成一套计划并确保执行的"抓手"，决定企业向卓越供应链管理转型的成败。

在产销协同的过程中，供应链管理的重点是依据要货计划或销售计划提前检查供应约束，输出经总经理批准的主计划；再依据主计划提前准备供应资源，避免生产上量时缺设备、缺人、缺料、缺场地的情况发生。

在尚未建立产销协同机制的企业中，产销协同的难点在于规则的确立；在已经建立产销协同机制的企业中，产销协同的难点在于冲突的处理。

在本章，笔者将围绕产销协同的组织方式、管控机制、常见误区、准备工作和协同方式展开讲解，帮助大家理解、建立并正确地实施产销协同。

产销协同在卓越供应链管理框架中的位置如图 4-1 所示。

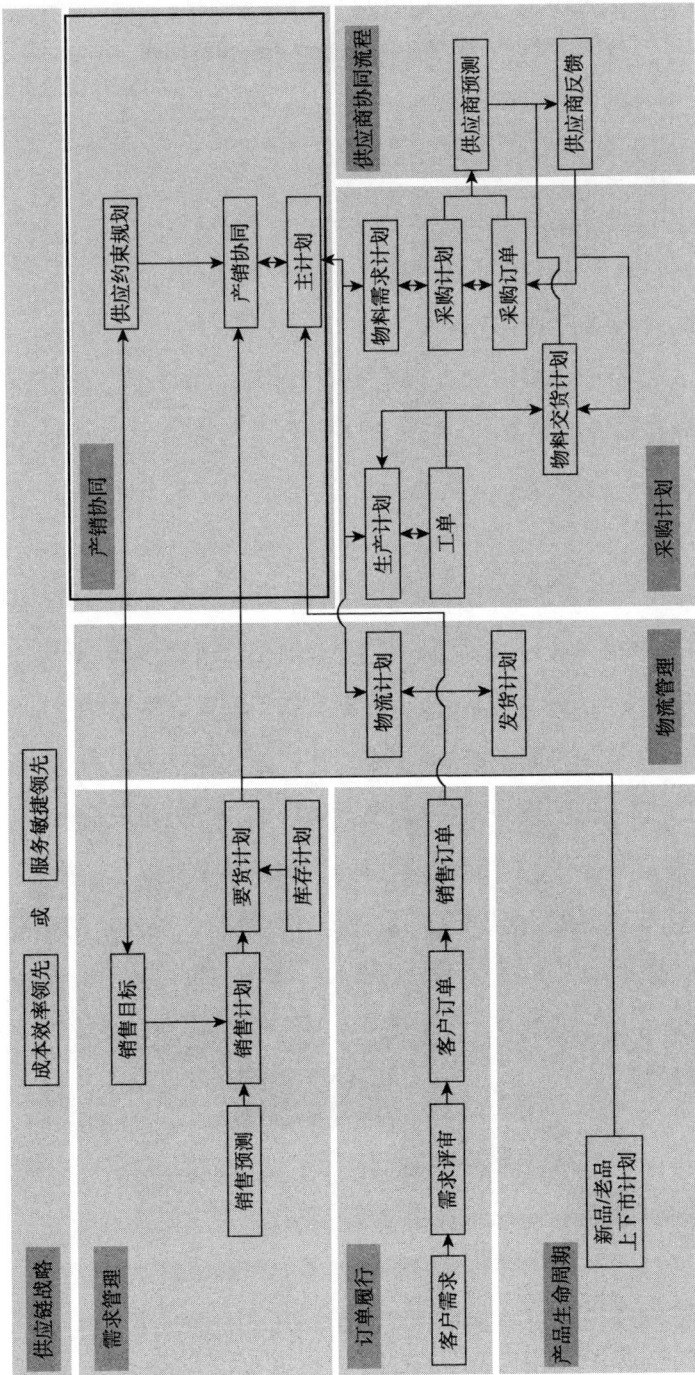

图4-1 卓越供应链管理框架图之产销协同

第一节　产销协同就是细节控

Q:"何谓产销协同?"

A:"产销协同的英文缩写是 S&OP(sales and operations plan),是将需求计划与供应计划统一起来,形成一套计划的管理方法。"

Q:"企业为什么需要产销协同?"

A:"因为供应链希望按照销售计划组织物料供应、安排生产、规划仓网、计划运力,但成品和原材料库存不积压;而销售人员只关心客户需要的时候是否有货卖,不愿提供销售计划或本能地夸大销售计划,导致供应链把料备齐或产成成品后,库存长期积压。"

可见,由于存在天然的矛盾,生产部与销售部无法自然协同,这就需要有专业的人(如主计划员)牵引,把产与销拉到一起,互相理解,最终拉手,形成一套产销协同的计划,而不是各自为政,互相猜忌,这就是产销协同存在的意义。

笔者曾经遇到这样一件事,在给一家企业作产销协同培训之后,企业家立即要求高管们把产销协同培训的模板改一改,第二天就要开产销协同会。

笔者说这样肯定开不了会,因为产销协同不是开一场会议这么简单,它的背后是一套计划管理体系,包括数据收集、需求计划、供应计划、预备会议和正式会议五个步骤,如图 4-2 所示。

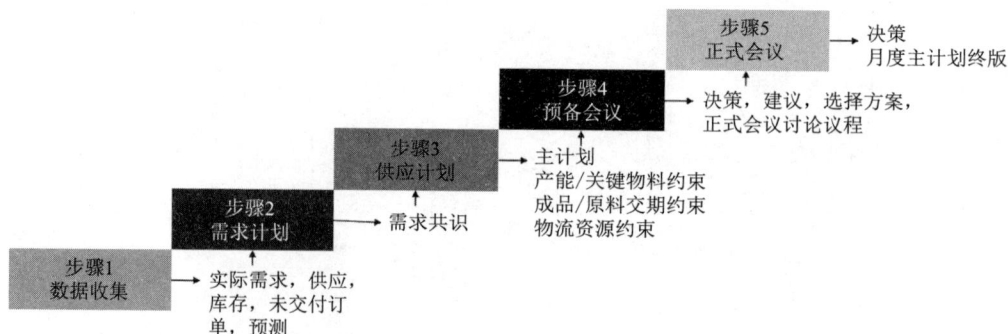

图 4-2　产销协同的五个步骤

1. 数据收集

在数据收集阶段,销售部需要收集客户的预测信息和实际订单,制作销售计划;供应链相关部门需要收集呆滞库存、实际库存和实际运输数据,制作库存计划和运输计划;产品经理需要制作产品生命周期预测和新产品开发计划。某500强企业的数据收集事项和责任见表4-1。

表4-1 某500强企业的数据收集事项和责任

收集信息	责任人
预测信息	客户服务经理
实际订单	销售经理
销售计划	销售经理
库存计划	物料经理
实际库存	物料经理
运输计划	供应计划经理
实际运输	供应计划经理
产品生命周期预测	产品经理
新产品开发计划	产品经理

2. 需求计划

在需求计划阶段,由销售人员、客户业务经理、需求计划经理和销售总监对上次产销协同会议决议的需求计划的实际执行情况进行回顾,内容包括:

(1)订单及时交付率;

(2)计划需求与实际需求;

(3)计划库存与实际库存;

(4)新产品需求与实际需求;

(5)回顾风险假定。

之后,与会者需要对未来计划进行反馈和调整,内容包括:

(1)销售计划;

(2)积压库存/订单处理;

(3)库存计划;

(4)新产品需求/产品切换;

（5）根据风险评估制定需求计划；

（6）实施计划、安排、责任人；

（7）筹备 S&OP 预备会议。

在会议时间的分配上，按照二八定律，20％的时间用来回顾过去，80％的时间用来计划未来。

3. 供应计划

在供应计划阶段，由供应链管理负责人、供应计划经理和生产负责人准备以下内容：

（1）实际生产与计划；

（2）实际运输与计划；

（3）实际库存与计划；

（4）库存重排与分配；

（5）产能与需求/库存状况；

（6）制约产能因素：人员、设备、场地、运力、长周期物料等；

（7）初步制定生产计划、库存计划和产能计划；

（8）回顾风险假定；

（9）筹备产销协同预备会议。

4. 产销协同预备会议

在产销协同预备会议阶段，由销售管理者、供应链管理者、需求计划经理、供应计划经理、物料计划经理、销售经理、产品经理参与会议，讨论以下议题：

（1）需求与供应；

（2）分配；

（3）选择/提议；

（4）风险/假定；

（5）就重要议题/重要性/解决方案达成一致；

（6）制定修正计划；

（7）准备 S&OP 正式会议。

某 500 强企业的产销协同预备会议议程见表 4-2。

表 4-2 某 500 强企业产销协同预备会议议程

序号	议　　程	议程内容	主讲人
1	往期行动计划回顾	未完成行动方案进展汇报	行动事项负责人汇报
2	历史绩效审视	①收入、销量、存货和订单情况汇报和差异分析 ②S&OP 相关 KPI 回顾和差异分析(预测准确率、交付达成率、急单率等)	①营销经理 ②计划经理
3	大项目/政策进展说明/预测如有大波动说明	①大项目商务进展汇报 ②大项目供应进展汇报 ③公司未来政策说明	①营销经理 ②计划经理
4	供应计划说明	①未来 3～6 个月需求计划,与上版变化说明 ②未来 3～6 个月供应计划,供需计划存在的差异以及解决方案	①营销经理 ②计划经理
5	新产品与停产产品	①产品导入的进度与计划匹配 ②产品退市的进度与计划匹配	产品经理
6	本期行动计划	总结会议各模块形成的行动方案,确认负责人	计划经理
7	会议总结	高层对 S&OP 会议进行总结点评	供应链副总

5. 产销协同正式会议

在产销协同正式会议阶段,由总经理、销售管理者、供应链管理者、计划部经理、产品经理及议题相关人员参会,讨论并决策以下议题:

(1)反馈月度重要举措及计划;

(2)反馈 S&OP 准备会议;

(3)讨论关键议题;

(4)达成行动一致;

(5)输出终版主计划;

(6)确保计划的协调和衔接;

(7)论证关键议题、行动计划、预测和风险;

(8)输出业务规划的最新结果(销售、生产、运输和库存)。

某 500 强企业的产销协同正式会议议程见表 4-3。

表 4-3 某 500 强企业的产销协同正式会议议程

序号	议　程	议程内容	主讲人
1	往期行动方案执行情况回顾	未完成行动方案进展汇报	运营管理部
2	当期经营情况汇报	①收入、销量、存货和订单情况汇报和差异分析 ②S&OP 相关 KPI 回顾和差异分析(预测准确率、交付达成率、急单率等)	运营管理部
3	未来经营计划汇报和决策(展望周期待确定,建议 6～12 个月)	①未来 6 个月收入、销量、订单情况预测,主要需求变化风险汇报 ②未来 6 个月供应、存货情况预测,主要供应风险汇报 ③S&OP 预备会议待决策事项汇报和决策	①营销 ②供应链 ③预备会主席
4	产品导入、退市供需情况汇报和决策	①产品导入的供需情况说明(可选) ②产品退市的供需情况说明(可选) ③S&OP 预备会议待决策事项汇报和决策	①营销 ②供应链 ③预备会主席
5	重大项目进展汇报和决策	①大项目商务进展汇报(可选) ②大项目供应进展汇报(可选) ③S&OP 预备会议待决策事项汇报和决策	①营销 ②供应链 ③预备会主席
6	专案汇报	汇报行动方案中周期长、工作复杂的专案进展情况	专案负责人
7	行动计划总结	总结会议各模块形成的行动方案,确认负责人	运营管理部
8	会议总结	未来 6 个月经营指示和原则	管理层

在正式会议结束之后,计划部负责人要在 24 小时内发布主计划和会议纪要,为每一个行动项指定主要负责人,明确完成日期,在下一次产销协同会议前更新行动项或计划进度。

产销协同的过程涉及的主要角色和职责如下:

①产销协同决策人。一般由总经理担任,负责在正式会议中作决策;

②产销协同主席。一般由供应链管理者担任,推动责任和执行的落地;

③产销协同主持人。一般由计划部负责人担任,主持准备会议和正式会议,组织各方准备材料;

④产销协同参与人。销售部、产品部、计划部、采购部、财务部的负责人和下属经理或主管。

Q:"在实施产销协同一段时间之后,企业应该如何评价产销协同做得好不好呢?"

A:"要看以下六个条件,分别是:

①是否形成一套计划。确立各部门在产销协同内的目标,避免各部门以不同的目标各自进行规划。

②是否跨部门跨层级参与。包括销售部、产品部、计划部、采购部和财务部等。

③是否提供精准的数据。包括计划属性(展望期、频率、颗粒度)、即时的需求数据、即时的供应数据、新产品开发进度。

④是否充分授权并作决策。包括高管的亲自参与、会议议程的设计、会议结论的记录与任务追踪。

⑤是否检视关键绩效指标。包括预测准确性、订单准时达交率、库存水位、预计营收与盈利等。

⑥是否使用分析工具。包括产销协同计划表、产销会议讨论表、需求/供给模拟工具等。

除了以上六个条件,领导者是否当责、企业是否推行变革管理、供应链是否持续改善都是产销协同的重要推动条件。"

最后,企业需要制订和执行计划日历确保产销协同得到及时、保质、保量的实施。

某500强企业的计划日历见表4-4。

有了良好的产销协同机制,计划部就能输出展望期较长、较为稳定的主计划,从而有效指导生产计划和物料需求计划。

某企业的主计划见表4-5。

表 4-4 某 500 强企业的计划日历

周期	星期一	星期二	星期三	星期四	星期五
第一周	历史数据收集更新,汇总促销信息收集汇总(市场/销售)		促销分析评估修正历史数据	在SKU层面创建基准预测,并基于目标差异提供促销建议,发送销售市场参考	
	—	数据收集和分析	—	创建基准预测	
第二周	销售/市场/研发提交促销计划和预测,新产品预测		需求计划会议准备	需求计划会议基准,促销,新产品,预测,最终预测	发送会议纪要,更新非限制性预测
	促销和新产品计划和预测		会议信息准备	会议召开和会议成果分享,结果跟进	
第三周	供应会议准备	供应计划会议限制性预测生成	发送需求计划,会议成果,需跟进事项	销售与运营协调预会准备	销售与运营协调预会
	供应计划会议准备	供应计划会议召开和结果分享		召开销售与运营协调预会	
第四周	销售与运营协调会议	发生会议纪要并更新限制性预测	—		
	召开销售与运营协调会	更新最终计划			

注:●行动 ●会议 ●行动或会议

表 4-5 某企业的主计划示例

主计划						
月份	4月	5月	6月	7月	8月	9月
产品系列 A	1 000	1 500	2 000	1 800	1 600	1 500
产品系列 B	1 200	1 600	1 400	1 500	2 500	3 000
产品系列 C	2 400	200	1 800	1 600	1 600	1 500
……	……	……	……	……	……	……

第二节 产销协同的"六是"与"六不是"

关于产销协同,笔者发现有的高管会把它与管理会议混淆,最常见的问题是:"我们每个月都开管理会,也会讨论供需问题,为什么还要再搞一套产销协同管理呢？这样我们的会议太多了,哪有时间做管理?"

每次遇到这种问题,笔者都会反问:"现在的管理会一次开多久？讨论什么问题？解决什么问题?"在这样的追问下,我发现这些高管往往会开一整天的会,讨论一些紧急的事项,但是由于缺乏准确的数据,决策的正确性往往较差,效率极低。

其实,产销协同的会议虽然较多,但是真正需要参加每场会议的是计划部经理和需求计划经理,其余岗位都是按需参加。到了总经理级别,只需要参加产销协同正式会,基于准确的数据对供应计划作出决策,而不像之前,开会效率低、资料准备差、很难作出正确的决策。

想要进一步理解产销协同的作用,我们需要了解产销协同的"六是"与"六不是":

(1)产销协同是重点讨论中短期的供应计划,关注中长期的资源计划,而不是暴露和解决当下的问题;

(2)产销协同是针对未来的计划和策略,而不是遇急救火;

(3)产销协同的目的是达成共识,作出决策,而不是工作讨论会;

(4)产销协同是关注异常、分析关键问题、提出解决建议和行动方案,而不是展示现状和问题;

(5)产销协同是多部门协同的产物,要了解需求,而不只是关注供应;

(6)产销协同是领导层与决策者的参与,而不是放权。

可见,产销协同会与管理会毫不冲突,并不多占用高层的时间,反而会帮助高层在短时间内掌握更多信息,提升供应计划决策的效率和质量,减少运营问题。

第三节 产销协同的三项准备工作

很多刚刚运行产销协同机制的企业都会发现一个非常严重的问题,就是产销根本协同不起来,具体体现为销售部门横眉冷对,生产部门爱答不理,采购部门抱怨连连,仓储部门思考人生,计划部门根本协调不动,总经理或企业家不得不事事参与,亲力亲为,走回传统供应链管理的老路。

之所以出现这个问题,是因为想要有效运行产销协同机制,供应链应该事先做好三项准备工作，分别是：

1. 建立协同的规则

协同的规则包括：

(1)产品分类规则；

(2)商机统计规则；

(3)客户分类管理规则；

(4)订单管理规则；

(5)标准交期规则；

(6)预测规则；

(7)人员配置规则；

(8)场地配置规则；

(9)标准供应能力(人、场、物、工)；

(10)长周期物料备料规则；

(11)自制与外购规则；

(12)呆滞物料处理规则。

以上各项规则均在本书不同章节提及。

2. 设计议题的报表

各议题相关的报表包括：

(1)需求计划表；

(2)库存计划表；

(3)新老产品切换日程表；

(4)场地规划方案；

(5)人力规划方案；

(6)供应计划表；

(7)供应链绩效分析表；

(8)上期行动计划反馈表；

(9)本期行动计划表；

（10）会议纪要。

大家可根据所在企业的具体情况设计。

3. 跟进供应链管理的重要绩效指标

需要重点跟进的供应链管理绩效指标应包含笔者在第二章介绍的供应链管理的十个重要指标。

有了协同的规则、议题的表单和重要绩效指标，在产销协同时，供应链才能做到有法可依、有据可查、有的放矢，这个会议才能开得了、开得好，让总经理或企业家易于决策，见到实效。

第四节　供应约束有哪些

作为产销协同的第三步，当接到需求计划时，主计划员要做的事情是检查供应约束，评估对需求计划的满足程度。

Q："主计划员到底需要检查哪些供应约束呢？"

A："不同行业会有不同答案，但是总结起来，应该检查人、机、料、法、环这五个供应约束。"

人、机、料、法、环见表 4-6。

表 4-6　人、机、料、法、环五个约束环节

约束环节	约束内容
人	①人力规划：装配、加工、调试、工艺、质检等 ②人员资质：叉车、电焊、特殊设备操作等
机	①机器设备的投资规划 ②机器设备的维修保养等 ③工具：特殊工具清单，如装配/调试工具、品质检测工具等 ④软件：工艺编程、检测调试等
料	①长交期物料 ②供应资源（含供应商的产能承诺） ③新工艺物料资源开发/培育 ④重大物料质量问题 ⑤其他物料支持

续表

约束环节	约束内容
法	①生产：生产计划、生产图纸等 ②工艺：特殊工艺、瓶颈工艺等 ③作业：操作规程、作业规范、检验标准等
环	①场地规划：加工、装配、调试、仓储 ②运力规划：进出口关务、陆海空铁运力 ③对特殊环境要求：温度、湿度、照明、洁净度等 ④法律法规：双碳排放、环保要求等

一旦发现某些供应资源不足，主计划员需要立即向相关部门通报，由相关部门尽快解决。对于相关部门解决不了的问题，可在产销协同预备会议和正式会议上升级，最后由总经理拍板决定。例如，某重大固定资产的投资决策。

第五节　产销不协同的恶果是什么

缩短交付周期、降低库存，是很多企业优化供应链的主要目标，但实际情况是，随着业务的增长，很多企业产品的交付周期却越来越长，库存却越来越多，更加奇特的是，供应链所辖各部门的绩效指标却越来越好，例如采购部的降本指标、物控部的来料到货及时率、计划部的订单准时交付率等。

之所以出现这样诡异的现象，是因为企业在产与销之间没有协同的规则。销售人员过于强势，导致供应链与销售部之间陷入企业家看不见的博弈。

例如，销售部要求频繁插单，并指责供应链的柔性不足，而这时，不懂供应链管理的企业家往往会站在销售一边，把不交付的板子拍在供应链头上。为了应付这种无预测订单，生产只能不断购置设备，以便增加短期产能，并向企业家说这单我能做；生产计划只能不断重排，延长其他订单的交期，并对企业家说这单排得上；物料计划只能设定较大的安全库存，并对企业家说这单不缺料；采购人员只能人为地延长物料交期，及早下发订单，及早到货，并对企业家说送货很及时；仓库和质检也会延长其他物料的入库和检验周期，以便优先为紧急物料服务，并对企业家说物料都及时检验入库了。

就这样，从表面上看，这个无预测订单得到满足，这个客户更加满意，所有人都贡献了力量，应该吃一桌庆功宴了。而实际上，因为急单的频繁插入，设备投资变大了、部分订单的交付周期延长了、物料库存变大了、物料交期和入库检验周期都变长了，而这些问题，供应链的相关部门不会主动告诉企业家，也就成了企业家"看不见"的问题。

这就是博弈的结果。企业家和销售部门不经思考地把需求的不确定性毫无保留地传导到供应链，如果供应不上就让供应链承担责任，供应得上功劳就归销售部门，久而久之供应链只能在企业家和销售部门看不见的地方想办法，否则便难以存活。

在这样的组织中，你会发现非常奇怪的绩效考核指标。例如，不考核库存的金额和呆滞期，因为高库存是抵御供应链一切波动的万能药。无论是需求端的无预测订单，还是供应端的供应问题，都可以通过高库存来掩盖，毕竟从企业家的感知来看，只要客户要货就能供应或生产，供应链管理就没有问题。

然后再看对销售部门的考核指标，因为企业家最能理解销售部门的苦，所以不考核销售部门的预测准确率，销售部门也不用承担因销售计划变更产生的呆滞成品库存，难怪销售部门只会一味要货而不承担责任。

说完销售人员，再看计划部门的绩效指标，一切以销售订单达成率为准；再看物控部门的绩效指标，以不影响生产为准统计物料及时交付率；再看采购部门的绩效指标，以成本为主，完全不考虑物料交期和最小起订量。因此，每到年底，供应链所有部门的绩效考核成绩都很好，所有人都拿年终奖。而实际上，企业的供应链管理水平并没有提高，也没有与客户和供应商形成合理的协同机制，所有问题最终都集中到库存上。企业只能不断扩建仓库或者外租仓库存放随着业务发展而不断增加的库存，一旦市场行情有变或者企业的资金链出了问题，高库存就可能成为压倒骆驼的最后一根稻草。

这就是由于没有合理的产销协同机制，供应链与销售部门长期博弈的结果。销售人员担心没货卖而在销售计划上不断加码，又不需要对卖不出去的库存负责；供应链为了不挨骂只能不断扩产扩容扩库存才能跟上业务发展的步伐；最后的结果就是平均交付周期在不断增加,库存也在不断增加,不懂供应链管理的企业家被蒙在鼓里。

Q:"想要改变供应链与销售的博弈现状,企业应该建立什么样的规则呢?"

A:"除了产销协同,企业还要建立以下四个规则——

1. 不允许销售人员线下通知供应链插单。必须在 ERP 系统中建立销售订单,经过评审后传递到供应链,有效控制订单风险;

2. 依据客户优先级、订单提前期等因素明确排单规则,避免人为博弈;

3. 将所有按销售计划生产但未销售出去的成品库存的管理职责从供应链转移到销售部门。对销售部门建立库存呆滞的惩罚机制,让销售人员自己平衡需求与库存的关系,而不是获利归销售部门,风险归供应链;

4. 根据企业的生产周期和供应商的生产周期,对供应计划设定锁定期和缓冲期。其中锁定期(如 3~14 天)应包含生产周期,因为当生产已经开始,再修改排产计划会造成损失,因此,除非极特别情况,在锁定期内,排产不能变。同样的道理,当供应商已经开始生产时,如果订单数量减少或延后,会给供应商造成损失,因此,要在锁定期之后根据供应商的生产周期设定缓冲期,缓冲期内的订单数量减少或延后要由相关授权领导审批并为供应商的损失买单。有了合理的锁定期和缓冲期,供应链将排除下游客户的部分需求不确定性,将精力放在如何缩短交付周期和降低库存上。

至于物料交期,随着业务发展,采购额的增加,甲方在供应市场上的力量也会增加,物料交期可以通过供应商管理库存、准时供货等供应模式大大缩短;最小起订量随着业务量的增加也渐渐不会成为主要问题;入场检验可以改为供应商出厂前检验、入场免检,也就没有入场检验的时间了。随着各个周期的不断压缩和供应水平的不断提升,物料供应的不确定性也将大大降低,这也意味着物料库存将大大降低。"

此时的供应链,才是由产销协同牵引的卓越供应链,而不像十几年前的山寨手机,看得见的地方很光鲜,看不见的地方很垃圾,用久了就坏,最终只能被正规手机逐出市场。

产销协同的正确打开方式

"又是一个好年头!"看到及时交付率再次达标,李厂长红光满面,心想该给手下的兄弟们邀功了。

而皱起眉头的,是负责销售的张总。

"好几位大区销售经理告诉我,因为供应不足,已经影响到销售业绩。老李,想一想办法啊?"张总只能打电话求助李厂长。

"最近两周的生产已经排满了。"李厂长把手一摊,也不去关心销售的情况。

"你们供应链太不配合了! 我要找董事长投诉你!"看到李厂长"不给面子",回想起自己三个月前给董事长立下军令状,保证销量翻倍,否则卷包走人,张总勃然大怒。

李厂长在集团待了二十多年,什么样的人没见过?

根本没把"空降兵"张总放在眼里。

"指标没问题,谁也怪不到我",李厂长心想。

于是,在"谁都没错"的情况下,企业再次痛失商机。

读到这里,不知道你是否有共鸣?

以上描述的场景,正是在传统制造业中,销售与供应链开会的典型场景。

最后往往依靠两位大佬掰手腕,谁的手劲大,就得听谁的(实际上往往是销售赢)。

貌似问题得到解决,但是供应链仍在低水平运作,最后的恶果就是人才流失、效率低下,企业最终会因供应链竞争力不足而被逐出市场。

那么问题来了,供应链与销售协同的正确打开方式应该是什么样的呢?

让时光倒流,我们一起来看一下标杆实践。

"接下来的两周,我们需要销售一万台设备,好几位大区销售经理都说供应不上,我想了解目前的排产计划。"张总带着准备好的数据,主动与李厂长协商。

"我查了一下，目前已经满负荷生产，能够供应八千台，剩余的两千台要在后续交付，但是销售部这边后续的计划往往不准确，所以无法给你确定的答复。"李厂长在了解详情之后，把供应这边的情况一五一十地告知张总。

"你这一万台全都卖得出去吗？有多少已经拿到订单？有多少很有把握？有多少是估计的呢？"李厂长想要了解这一万台实际的销售情况。

"好问题！"张总惊讶于李厂长对情况的把握，赶忙拿出自己的统计数据，通过微信发给李厂长。

设备销售统计数据见表 4-7。

表 4-7　设备销售统计表

台　　数	概　　率	小　　计
5 000	100%	5 000
3 000	70%	2 100
2 000	50%	1 000
合计：10 000	—	8 100

看着这张统计表，李厂长问："所以，工厂只需要再增加 100 台的产量，达到 8 100 台，就能满足销售的理论值？增加 100 台没问题，通过努力可以达到。"

"嗯嗯，理论上是这样。但是如果市场行情变好，我们会丧失商机，这个很难办。"张总还是有些为难。

"供应链的情况就是这样，只能尽力多生产，但是不能保证。那么，在产量有限的情况下，我们应该保什么呢？是客户，还是利润呢？"李厂长在冷静地分析。

"是最大利润。"张总想起自己立下的军令状，立即表态。

"张总，你可以查一下每种设备的利润率吗？我们不能凭哪个大区叫得最响就优先供应，而是要凭产品的利润率决定优产优供。"李厂长凭借多年积累的宝贵经验为集团创造着最大价值。

"这个可以做到。我统计一下，会后提供。"张总连连点头称是。

"不用把产品的利润率发给我，你只需要按照这个规则重新排序，把销售计划更新给我即可，然后我就按次序排产。"李厂长已经胸有成竹。

"太好了，有您这样实战型的供应链管理专家在，我就不怕供应不上了。"张总满心感激地说。

"还有一件事情要麻烦张总。"李厂长的话还没说完。

"有的时候，你们做的销售计划变动过于频繁，导致爆品供应不上，滞销品堆满仓库，这说明销售部与供应链管理之间协同不足。不能总是供应链管理为销售服务，你们也得对销售计划负责，帮助我们销售呆滞库存。"

"好的，麻烦李总提供滞销品库存清单，我看一下，哪些可以通过打折促销清理掉。"

"这还不够，你看，两周后的销售计划，我之所以不敢承诺，就是因为变动太大不受控制，怕对计划产生影响。我们可否商定，以后一周内的销售计划不变，一到二周间的销售计划可以最大变动10%，二到三周可以最大变动30%，三到四周可以最大变动50%，之后不受控制，但是月度销售计划准确率要达到70%以上，然后月月优化。如遇特殊情况，可以由大区销售经理打申请，经过你我签字，才能调整销售计划和生产计划，你看可行吗？"

"嗯，有了较为准确的销售计划，才能拿到较为准确的生产计划，销售人员对客户的承诺才能得到保障，这是双赢，我支持。"张总是一个聪明人。

"说起生产计划，我倒有一个担心，不知当讲不当讲。"张总也是身经百战的高管，想起一个棘手的问题，立即向李厂长讨教。

"是商机管理吗？"李厂长心领神会。

"是的。最近我们在参与一个大客户招标，客户一下子订货5 000台，要求定标后30日内到货，但是设备的标准交期是45天，而且近期产能紧张。我们也不知道是否应该预投，刚好听听您的意见。"这真是一个棘手的问题，张总很为难。

"供应链应该提前与商机管理协同起来。请问，这个招标进展如何？"要想解决问题，先得澄清问题。

"刚刚投标，竞争对手实力不强。"张总介绍说。

"也就是说，根据历史经验判断，我们的把握在五成以上？"

"可以这么说。"张总很肯定地回答。

"那么，现在我们应该把长周期的通用物料全都拉进来。我会立即通知采购部下订单。"

"好主意。这样招标一旦有闪失，这些通用物料还能用在别的产品上。"

"接下来是什么阶段？"李厂长接着问。

"下周第一轮开标，会保留前三名供应商进入下一轮报价，预计在两周后定标。"

"好。如果第一轮过了，中标的把握会上升至七至八成。我们下周可以把长周期的专用料也拉进来，这样，等到定标之时，我们相当于把前期订料的时间缩短了14天，再对这个订单优先排产，30天的交期就能满足了。"李厂长自信地说。

此时的李厂长，在张总心里已经不只是那个兢兢业业的老兵，而是具有超强实战经验和先进方法论的供应链管理大神。

于是张总连忙点头说："好好，一旦有进展，我第一时间通知您。这样的项目还有几个，回头我都通知您。"

"张总，其实您不用通知我。我们可不可以把这个案例做成样板，在销售内部制定一个商机管理规则呢？以后你们把商机都提前加入销售计划中，供应链按进度提前备货即可。"

"好，我回去研究一下。之前对供应链管理不了解，现在才发现，是一门大学问，我也想好好学学。"

"我们互相学习！"李厂长笑着说。

……

三个月后，看着报表上那翻倍的利润，董事长把张总和老李请到办公室，语重心长地说："兄弟齐心，其利断金。希望你们把彼此协同的事好好写出来，我会下发到其他事业部，让他们向你们学习！"

张总对老李的感激之情溢于言表，赶忙对董事长说："这里主要还是老李的功劳，是他主动了解销售的困难，深入分析，指导我们建立规则，提供最优对策，才帮助我们完成了销售任务，这其中体现的责任心和专业性，值得我这个晚辈学习。"

而此时的老李,也感受到了自身的变化,这变化的根因,除了极强的专业能力,更多是思想的转变。

通过这则故事,我们发现,在产销之间,只有解决了要不要协同(态度)、如何有效协同(方法)和如何长期有效协同(规则)之后,企业的供应链管理水平才会更上一层楼。

这就是产销协同的正确打开方式!

小明的故事

天波公司的产销协同机制

在理顺需求管理之后,小明开始着手研究天波公司在产销协同方面存在的问题。

在卓越供应链管理中,如果说最难的工作是提升销售预测的准确率,那么最关键的工作就是产销协同,是供应链内外各方关注的焦点。

小明发现,天波公司在产销协同方面存在的问题是,供应计划总是得不到执行,而是迫于压力执行频繁变动的销售计划以满足客户的紧急需求,把供应链搞得一团糟。

这个问题就需要通过建立合理的产销协同机制来解决。

小明对产销协同机制的理解是,产销协同机制是上接供应链管理战略目标,中接需求计划和供应计划,下接生产计划和物料需求计划,保障供需协调、目标一致、监督行动的一系列的重要事项和会议。

它有一系列自上而下的输出,例如:

(1)关于战略目标,要对重大事项作出决策;

(2)关于经营目标,要对反馈的问题快速作出决策;

(3)关于产销协同正式会议,企业需要每个月召开一次,总经理一定要参加,议题包括目标达成回顾、行动方案、主计划决策、升级议题和风险解决方案等;

(4)关于产销协同准备会议,与会者需要根据销售预测模拟未来的供应情况,如主计划执行到什么程度，新产品上市和老品退市的节奏，关键 KPI 指标的达成情况等，在分析报告准备好后再召开产销协同正式会议，其中销售和供应链无法达成一致的事项由总经理拍板；

（5）关于供需方面的专题会议，供需双方应该分析根本原因并研讨对策，例如，A 产品的供应不足，但是 B 产品的库存过多，销售是否可以向客户推荐 B 产品，以便挽回因 A 产品供应不足损失的商机并降低 B 产品的库存；

（6）关于各职能的运营管理会，主要内容是执行计划并追踪目标。

也就是说，为了达成产销协同，小明需要按照以上六个层次搭建产销协同机制。

之后，小明需要聚焦最为关键的产销协同正式会议，研究这个会议到底应该怎么开，其中，天波公司产销协同正式会议的主要议题制定如下：

（1）上次会议跟踪事项；

（2）供应链绩效汇报及复盘；

（3）当月生产数量、实际销售数量及发货进度；

（4）供应链对未来三个月的销售计划的答复以及未来 6 个月的供应约束风险预警；

（5）销售部未来 6 个月的销售计划汇报及相关机型产销协同决策；

（6）新项目的计划及进展汇报；

（7）库存情况及策略推演；

（8）呆滞料汇报及处理。

因为供应链与销售部之间对于每一个议题都可能存在争议，因此需要总经理作为最高决策者在场拍板，而不是事后研究，否则产销之间不仅无法达成"一套计划"，还会影响订单交付。

仅设定以上议题，天波公司的产销协同正式会议还是开不好，主要问题是在会前经常拿不到各议题的报告，影响了产销协同正式会议应有的效果。

为了解决这个问题，小明决定与计划部一起制定计划日历，天波公司的计划日历如图 4-3 所示。

会议	计划资料更新				
××月 周一	周二	周三	周四	周五	周六
周日					周六
周日 需求端预备会议 需求计划提报		供应端预备会议 需求计划释放	产能规划/物料规划（内部/外部产能）提报		周六
周日 协同决策预备会议 主计划初版发布				★产销协同正式会议 主计划终版发布	周六

图 4-3 天波公司的计划日历

在按计划日历召开了几次产销协同会议之后,小明发现天波公司的供应链在以下四个方面获得了显著提升,分别是:

(1)一套计划。通过强化产销协同机制,天波公司能够确保输出一套计划指引后续的供应计划;

(2)分层分级决策,用数据说话。天波公司建立了分层分级决策机制,梳理了供需失衡时的解决方案,规范以数据为基础的决策方法;

(3)数据管理和系统准备。以统一的模板拉通短中长期计划,细化业务规则和执行标准,完善关键数据库,补齐计划所需数据,为后续实现产销协同的数字化管理做好数据准备;

(4)绩效牵引持续改善。以供应链绩效作为衡量目标达成的指标,重视对绩效的追踪和分析。

有了完善的产销协同机制,小明终于将产销拉通,形成一套较为稳定的主计划,帮助天波公司向着卓越供应链成功转型迈出坚实的一步。

那么,除了产销协同,天波公司在计划管理方面还存在哪些问题,小明将如何解决呢?

第五章　集成计划

众所周知,供应链中的各段计划是相互关联、相互影响的。从纵向看,有长中短期计划,分别解决供应资源、供应准备和供应执行问题;从横向看,有销售计划、库存计划、要货计划、供应计划、新老品切换计划、生产计划、排产计划、物料需求计划、采购计划、物流计划等。如何合理衔接纵向与横向的各段计划,协调各段计划间的冲突矛盾,是集成计划需要解决的关键问题。

在本章中,笔者将介绍集成计划的先决条件、计划部在供应链的地位、主计划的管理方法、交期、排产、产能与库存的相互关系、生产计划的管理方法、主计划与排程计划的管控模式、主计划、生产计划与销售插单的管控模式、用好 MRP 的方法以及将产品生命周期与供应链管理有效衔接的方法。

卓越供应链管理框架中,组成集成计划的各段计划如图 5-1 所示。

由于篇幅有限,采购计划、库存计划和物流计划将在采购计划、库存管理和物流管理章节详细介绍。

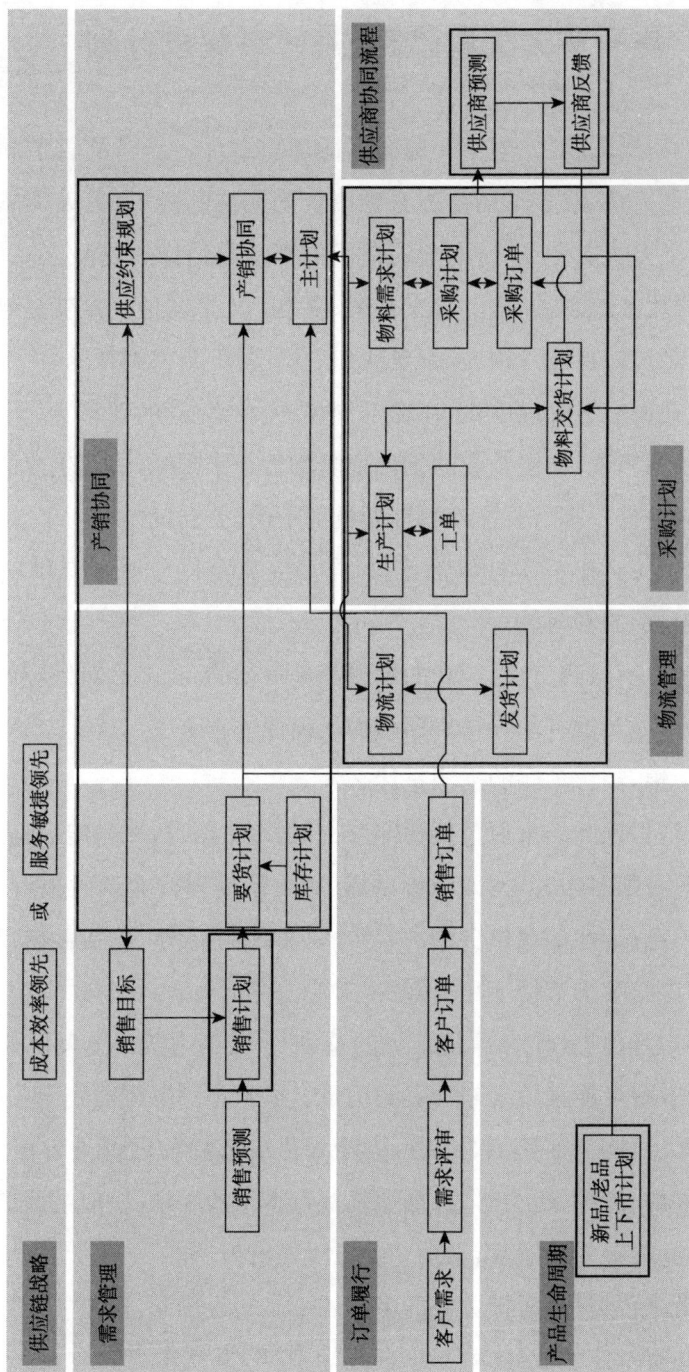

图5-1　卓越供应链管理框架图之集成计划

第一节　先有责任心，才有集成计划

在公元前的西周王朝，发生了一起著名的历史事件。当时的君主周幽王为博美人一笑，点燃烽火台，戏弄了诸侯。看到诸侯们无奈的样子，美人嫣然一笑。周幽王大嘉，因而又多次点燃烽火，渐渐的诸侯们都不相信烽火是敌人入侵，也就不来了。后来犬戎攻破镐京，周幽王玩火自焚，再也无人来救他。这就是烽火戏诸侯的典故，意指一个人如果戏弄别人，一旦遇到危机，就不会得到帮助。

遗憾的是，在供应链管理中，也存在不少"烽火戏诸侯"的现象。

就拿销售预测来说，很多企业的销售预测就是一张废纸，由此生成的采购预测也是"天上一脚、地上一脚"，就连物料计划员都不信，更别说供应商了，这导致供应商不按预测备料，甚至连采购订单都不接，企业在急需供应时没有供应商愿意支持，陷入"无人来救"的窘境。

有人说："客户不对我负责，给我的预测都是瞎编的，我怎么对供应商负责呢？"

这么问的人，显然没有掌握销售预测的正确评估方法。

让我们想一想，销售预测的来源是什么？

前文提过，销售预测的来源包括两部分：一是定量信息，二是定性信息。

定量信息包含很多内容，例如销售目标、历史销量和行业调研报告等，而不只是客户的预测信息；定性信息包含的内容更多，如流行趋势、竞品影响、新品上市、打折促销、经济走向和季节性变化等等。

因此，来自定量信息（代表预测正确的基础）和定性信息（代表预测正确的判断）的销售预测就有可能接近未来的真实销量。虽然预测不可能完全正确，但是如果能达到70%以上的正确率，往往就可以指导供应链提前做好方方面面的准备，如产能、人员、物料、库存、运力等，再加上强执行带来的柔性，供应链就能达到高度的产销协同，提高客户的满意度，帮助企业抢得商机。

对于供应链来说，其最直接关心的事情还不是销售预测，而是要货计划。因为很多企业都会备有一定的成品库存，以便缩短交期，提高客户满意度。因此，除了销售预测,供应链还得考虑期末库存与期初库存的差值,最后求和才能计算出要货计划。

只解决要货计划,仍然无法保证企业给到供应商更加正确的采购计划,这是因为要货计划有不同的展望期和颗粒度,用来指导生产计划和物料需求计划。例如,很多企业未来 1~3 个月的要货计划往往可以分解到 SKU,而且颗粒度到天或周,表明每天或每周生产部需要生产多少产品,领用多少物料,这样,结合采购周期和入库检验前置期,物料计划员就能计算出哪一天要给供应商下发采购订单订多少物料。如果这个 1~3 个月的要货计划比较准确,生产的排产和工单交付都很稳定,采购执行员发给供应商的订货数量和交期也会相对稳定,供应商就会信赖采购订单,往后的合作与协同就好办了。反之,供应商就会从抱怨逐步升级到不配合,采购人员只能依靠不停地更换供应商和紧急采购来维持供应,这样的供应链管理水平肯定不具行业竞争力。

但是,只搞定短期的物料供应无法完全保障交付,因为供应商也有超出 1~3 个月的长交期物料,此时,采购执行员应根据供应商的物料交期提供相应的采购预测。视不同行业,采购预测的展望期一般是 6~12 个月,其中第 1~3 个月的颗粒度从天到周,同采购订单,之后的颗粒度到月,即每个月供应商预计交付多少。建议第 4~12 个月的采购预测依然可以分解到 SKU,指导关键供应商提早备料,但有时这对销售计划的挑战太大,供应链可以根据实际情况适当妥协。例如第 4~6 月分解到 SKU,第 7~12 个月销售部对产品大类制定月度销售计划即可,用以指导关键物料备货。在这里,笔者建议采购部与关键物料供应商签署备料协议,以便要求关键物料供应商严格按照采购预测备货,由于采购预测不准确产生的呆滞料由甲方负责,否则甲乙双方很容易陷入一种博弈状态,即甲方不认真做预测,供应商不按预测备料,因为双方都认为自己不需要对预测负责。在这种情况下,供应商只会按订单(供应商利益受法律保护)买料和排产,按交货计划发货,在需求变动时,甲方需要与供应商协商并修改订单到货日期,这与甲方通过预测与供应商协同并承诺对供应商的呆滞料负责有何区别? 从某种角度上讲,由于甲方不想对预测负责,供应商不信任甲方,使得采购订单起到了预测该有的作用,交货计划起到了订单该有的作用，使得简单的事情变得复杂，还不如认真做好预测并对供应商的呆滞料负责呢。

那么，有了短期和中期的销售计划、库存计划、要货计划、供应计划、生产计划、物料需求计划、采购计划和采购预测之后，供应链为什么还要有长期计划呢？

这是因为供应链需要产能、人员、仓网、运力、寻源等的规划依据，否则，如果未来几年销量要翻2～3倍，而生产车间没有提前扩充、生产设备没有提前买进、仓网没有提前规划、物流运力不足、供应商资源不够，都会导致供应能力不足，令企业错失发展良机。因此，营销部要提出未来5年的长期销售目标，并分解到成品大类和区域，用来指导产能、人员、仓网、运力、寻源等的规划。之后，公司高层需要审批各部门上报的投资计划和人力资源计划，以便从战略层面做好准备，从而形成长期指导中期，中期指导短期，需求指导供应的"赋能流"，这就是集成计划管理，示例如图5-2所示。

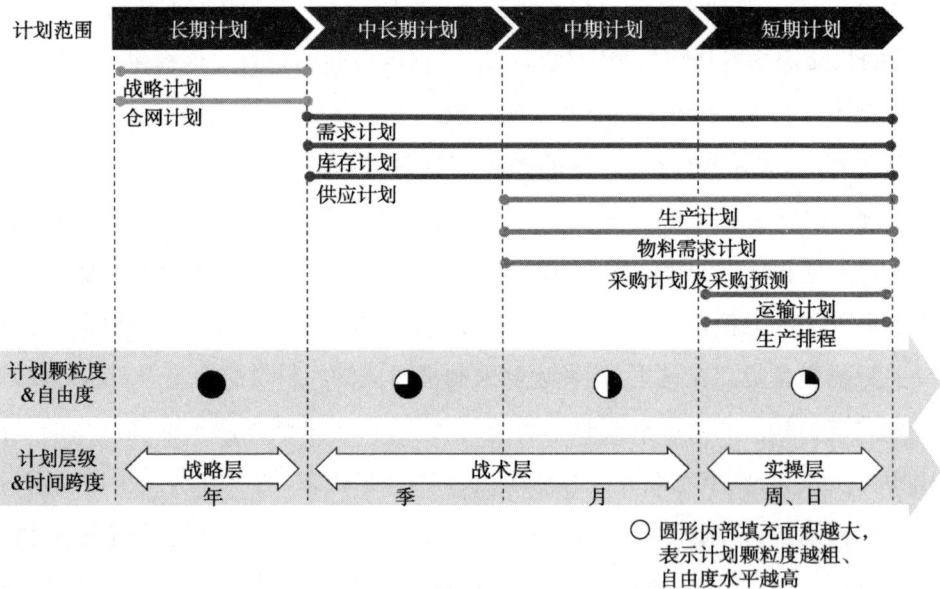

图5-2　集成计划示例

针对预计未来几年销量下降的情况，企业也要提前做好人员缩减、设备处置、闲置产能再利用、场地外租等计划，开源节流。

在集成计划管理中,短中期的计划管理往往与主计划管理有关。除了规划和分配供应资源,主计划管理在实际工作中还会起到"隔离"作用,防止要货计划的波动直接传递到生产计划和物料需求计划,不让供应商直接感受到频繁的加单、并单和撤单,是供应链管理的"噪声过滤器"。但是,对于高度定制化的产品(ETO),也就是说在销售接单前,物料清单(BOM)定不下来的产品,主计划难以指导备料。对于这种类型的行业和产品,企业只能从物料标准化和菜单式选配设计的角度优化供应链管理,否则大量的设计变更和需求变更会产生大量的一次性采购急单,使得供应商关系难以维持,上演现实版的"烽火戏诸侯"。

Q:"为什么很多企业的计划管理都会存在不同程度的'烽火戏诸侯'现象,是因为不懂集成计划管理吗?"

A:"思考很久,我把主因落在责任心上。如果一家企业做计划的初衷就没有想要树立公司言而有信的威望,而是任由营销人员画大饼(不准确的长期计划)、销售人员凭经验(波动极大的中短期计划)、计划不隔离(主计划形同虚设)、产品不标准(一次性采购急单多),只能依靠强执行来弥补(逼着供应商想办法),而不从集成计划管理上找到解决问题的方法,时间久了,也就没有人相信计划了。"

📶 **情景再现**

大计划与小计划的有趣对话

一天,在民营工厂做计划员的小王找到在 500 强企业总部做计划员的老张探讨自己的困惑。

"我们的采购部力量太弱。销售部着急要货,但供应商总送不来。老张,你们公司计划管理得那么好,可以传授缩短供应商交期的经验吗?"

老张听懂了小王的问题,皱了皱眉头,说:"想要解决你的痛点,需要理清三个问题——

①谁决定计划?

②谁管理计划?

③谁执行计划？"

小王想了想，回答："我们公司的销售部在决定计划，他们的要求很简单，就是计划部在接到订单后必须按时交付，那么理所当然的，计划部在管理计划；但问题是，采购部不理我们，不给我们回复交期，拒不执行计划，所以我们公司供应链管理的瓶颈就在采购部。"

老张没想到，自己引导式的提问反而给了小王证明自己错误推断的机会，看来，不尽快说出正确答案，小王只会越走越偏。

于是老张清了清嗓子，说："你有没有想过，为什么供应商不能按期交付？"

"我们的供应商规模都比较小，急单又多，往往接了一个急单就没有产能接下一单了。越紧急，越交不上货。"

"所以是供应资源准备不足的问题，对吗？"

小王眼珠转了一下，说："对，是这么一回事。"

看到小王开始跟上思路，老张微微一笑，接着问："那么，为什么采购部开发的供应资源不足呢？"

"是因为采购部不想频繁更换供应商，或者在每一家供应商的订货量太小，拿不到排产优先级。"

老张接着问："你觉得采购部不应该这样做吗？"

"从内心来说，我是赞同的，新供应商的配合问题更多，老供应商沟通成本低，质量问题少。"

"那么问题出在哪儿呢？"

"销售部不顾供应资源下单？"小王觉得如果采购部没问题，就是销售部有问题，而没看到最大的问题出在计划上。

"我觉得销售部下单是正常的，问题出在计划身上。"老张决定不再卖关子，说出自己的看法。

"此话怎讲？"

"你听过这句话吗？'一个计划员顶半个销售员。'意思是说，除了销售员，计划员也要主动了解市场和客户，推动销售员根据行业景气度、客户的订单及预测、销售目标制定销售计划。销售计划的用途是指导计划员准备供应资源,包括场地、人员、设备和物料等。销售计划的另一个作用是规避销售员把不确定性都转移给供应链,即供应不上惩供应链,供应得上奖销售部门。通过销售计划机制,将来销售部门与供应链的奖惩规则应该是,销售员提前打招呼了,但供应链没准备好资源,怪供应链;销售员没提前打招呼,供应链没有资源支撑,怪销售员。这样权责利分明,所谓采购供不上料的问题也就解决了。"

"老张说得对,但是在我们公司销售部门是老大,老板力挺销售部门,没法改变。"

"好,我问你,你们今年的订单准时交付率是多少?"

"50%多。"

老张心想:没想到这样一家小企业还会统计订单准时交付率,有前途。于是接着问:"如果你们的管控模式不变,接下来订单准时交付率会越来越好,还是越来越差呢?"

"肯定越来越差。"

"也就是说,现有模式无法支撑企业未来发展,所以你们必须要改变,是不是?"

"是的。"

"回想一下开始时我问你的三个问题,你的答案是:

①销售决定计划;

②计划管理计划;

③采购不执行。

这就是你们公司计划问题的根因,因为:

①销售不懂计划,只懂接单,由销售决定的计划肯定是错的;

②计划员不是在管理计划,而是在执行由销售决定的错误的计划;

③到了采购,这个错误的计划已经执行不下去了,采购也就躺平了。

而正确的答案应该是:

①由计划部牵引产销共同决定计划,如果有争议,由总经理决策;

②由计划部管理计划,重点是在生产计划和物料需求计划之上建立主计划职

能,为计划的有效执行准备好供应资源;

③在主计划的引导下,采购面临在急单下供应商产能不够的问题自然会迎刃而解。

通过产销协同和主计划,供应压力在无形之中得到合理分解,订单准时交付率自然会得到提升,销售也会因为能够拿到越来越靠谱的订单承诺而欣喜。至于满足客户急单的能力,这取决于供应链各部门的管理水平,可以通过设立缩短交付周期等一系列绩效指标由计划部持续推动制造、采购、物流等部门改善各段交期,逐步达到行业领先水平,使得供应链管理成为企业的核心竞争力。"

"原来计划要这么管理! 我从来都没想过。"

"没错,这不是你的问题,而是企业老板的问题。如果继续不重视计划,任由销售人员胡闹,你们将永无出头之日。"

"哎,我回去再跟老板说说吧。"

看着小王垂头丧气的样子,老张嘿嘿一笑,说:"不用着急,当你们公司因为交付问题"疼得要死"时,老板自然会找你献计献策。"

📶 你问我答

计划部在供应链中的地位

Q:"姜老师,采购人员不提供物料交期,导致我没有标准交期给到销售,我该怎么办?"

A:"这不是你能解决的问题。请你想一想,计划员是个什么活? 计划员不销售、不生产、不采购、也不设计,那么,计划员是干什么的呢?

答案是,计划员是牵引销售、生产、采购和物流,将各段计划集成为一套计划,并确保计划有效执行的。

都要集成哪些计划呢?

包括销售计划、供应计划、库存计划、生产计划、物料需求计划、采购计划、运力计划等。

想要集成这些计划,计划部的地位就一定要在两个层面提高,分别是:

(1)在供应链管理内部,计划部必须是龙头,也就是说,生产部要听计划部的安排、采购部(尤其是执行采购)要听计划的安排、仓储和物流部门也要听计划的安排,完成各自的计划,从而形成卓越供应链管理的一套计划;

(2)将供应链管理内部整合成一套计划之后,计划部要代表整个供应链管理组织与销售部做产销协同,在为市场和销售全力服务的同时,提出合理的要求,例如订单要排优先级,要尊重标准交期,优先服务大客户等等,真正推动产销协同向着良性发展。甚至在一些公司,计划部拥有更高的地位,可以基于库存数量要求销售部优先促销何种货物。

想要做到这两点,计划部在公司的组织地位一定要高,才能保证不被销售部碾压,不被生产部和采购部架空。只有在产销之间保持中立地位,才能做出最合理的一套计划,推动产销协同。

现在的情况是,你们公司的计划部放在制造部下面,被制造部管理,而销售部和采购部是与制造部平级的部门,他们怎么可能听从你的计划?

因此,问题不在计划部,而在组织管控,是总经理需要想清楚的事情,你无能为力。"

对话到此结束。

通过这段问答,笔者想要告诉大家,在一家公司里,计划部只能是龙头。想要成为龙头,公司高层一定要力挺计划部,让计划部管得了供应链并与销售部平起平坐。而一旦计划部只能一味地执行销售部的计划,就会导致计划严重失真,供应链管理乱成一团,结果就是计划部形同虚设,各部门陷入博弈或躺平。

第二节　主计划是个什么活

在一次访谈中,有位高管反复提问:"主计划是做什么的? 想要做到产销协同,公司是否需要设置这个岗位? 应该放到哪个层级?"

笔者这才意识到,主计划对于很多企业来说是个很陌生的职能。

用一句话概括，主计划是管理供应资源的规划和分配的重要职能，应该放在集团或事业部级的集成计划部，以便在一个较高的层级（相比于在生产基地的生产计划和物料需求计划）统筹管理供应资源。

需要说明的是，有的企业由于规模不大、产能充足且销量稳定，并不需要主计划这个职能，只要抓好运营即可。因为企业的供应资源充足，又没有高速增长的预期，也就没有管理供应资源的规划和分配的必要。

那么，什么样的企业需要主计划呢？

往往是规模较大，服务多个行业多家客户，存在多个基地和多个事业部，甚至跨国供应的企业，它们规划和分配供应资源的场景较为复杂，需要主计划来合理协调并推动持续改进。

例如，曾有一位企业家问："姜老师，在企业初创时，土地和厂房都是我自己估算的，但是现在企业已经有好几个生产基地，明年还要扩产，我突然发现没有人管这件事，我又没有时间来管理这种事，应该怎么办？"

笔者说："这就是主计划员要管的事。通常来说，主计划员会根据要货计划或销售计划分配产量并检查各基地的产能、库容、人力、运力和物流等供应资源约束。如果发现在未来，产能或库容将要不够，就应该向生产部或仓储部发出扩容指令，由他们根据主计划评估扩容需求，经您批准后执行。"

当然，扩容只是管理供应资源的手段之一，主计划员还需要承担以下十项职责：

①与需求计划经理对接，收集销售计划和要货计划；

②与生产基地沟通，收集基地产能文档并制定主计划；

③分配各生产基地生产量，进行粗产能评估，并与物流沟通各基地的运力资源；

④进行库存预估，评估并制定基地的提前生产量；

⑤与物料计划员沟通，收集物料供应瓶颈，作为主计划评估项；

⑥与物料计划员沟通主计划的变化，指导物料计划员检查物料齐套；

⑦组织或参与产销协同会议，输出主计划，跟进行动事项；

⑧与生产计划员、客服专员沟通，协调处理订单冲突（如超过主计划订单量的供应资源分配和客户订单交期冲突等）；

⑨监控主计划的完成情况，出具原因分析报告；

⑩监控慢动库存、呆滞库存，协调客服专员进行处理。

可见，主计划的职能是履行协同需求计划与供应计划，管理供应资源，指导和管控生产计划、排产计划、物料需求计划、库存计划和运力计划，是卓越供应链管理的核心职能。

第三节　交期、排产、产能与库存的相互关系

笔者在汽车行业工作时，经历过一次紧急追料，起因是客户更新过的一版订单被销售助理看漏，本来需要一个月交付的产品，在发现时只剩一周时间。

供不上？

不可能！

如果导致整车厂停线，是按分钟罚款的。

怎么办？

老办法，供应链总动员！

于是采购员与供应商质量工程师一起冲到供应商那里追料，计划部和生产部把这一单作为最优先工单排产，物流部早早订好了专车等在厂外。就这样，我们在三天之后开始陆续供货，七天之后按客户的要求完成了订单，没有让客户停线。

正在总经理发邮件嘉奖"救火英雄"之际，客户（更准确地说，是客户的采购人员）给销售部打电话，质问之前的交期为什么这么长。

"明明七天就能搞定，为什么之前报了一个月？"

客户这一问，销售部还真不知道怎么回答，于是上报总经理。总经理是销售员出身，完全不懂供应链管理，也不去问计划部经理，便直接将标准交期从一个月压缩到了两周，还向客户赔着笑脸说："我们得留一点处理订单的缓冲时间，两周，按两周订货行吗？"

客户那边倒没说什么，但是到了年底计划部经理就递交了辞呈，表面原因是另谋高就，实际上她在离开之前向笔者吐槽："在一个不懂供应链管理的总经理下面干活是没有前途的！"

Q："将交期从一个月变成两周，对于供应链有何影响呢？"

A："首当其冲的影响就是产能！"

一提起产能，很多人会想到设备的数量和工人的数量。没错，如果你在做产能规划，需要决定投资预算时，的确需要考虑这两个因素，但是你在做排产计划时，如果只考虑设备数量和工人数量，可能会导致企业严重亏损。因为还有两个重要因素与产能有关，一是交期，二是库存，如图 5-3 所示。

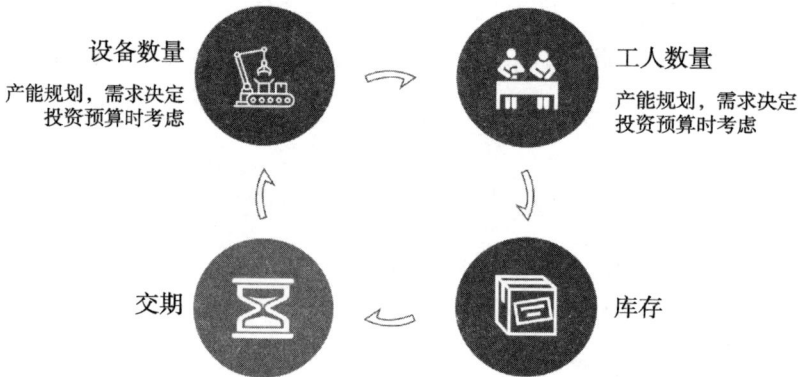

设备数量
产能规划，需求决定
投资预算时考虑

工人数量
产能规划，需求决定
投资预算时考虑

交期

库存

图 5-3 决定产能的四个因素

下面笔者来说明一下：

设备的数量和工人的数量决定了在一个班次的维度下，工厂的最大产能。举个例子，如果客户紧急需要 2 000 个产成品，而企业闲置的设备和人员刚好可以在一天内做得出来，物料库存又很充足，那么企业就能满足客户的要求，显得企业的服务水平比竞争对手高，抓住商机的能力更强。但问题是，企业要付出的代价是多少，有几家企业能让很多设备不开工、很多工人等活、大量的物料存储在库存里呢？为了做到快交付，企业的固定成本和可变成本是不是要比竞争对手高呢？那么，从客户的角度看，他到底会愿意为快交付买单，还是愿意为合理的交期和价格买单呢？

　　因此,想要更好地利用产能,我们不能仅仅从投入资源的角度来看,还要考虑交期。

　　如果你做过采购工作,仔细想一想就会发现,在供应商告知客户的交期中,为了保证低资产、低库存运作,保证价格的竞争力,70％以上的时间都是用来排产的,而不是用来生产的。例如,生产的时间三天就够,但排产要根据产能和订单的情况提前三周。

　　Q:"排产是个什么概念?"

　　A:"排产的概念如图5-4所示。"

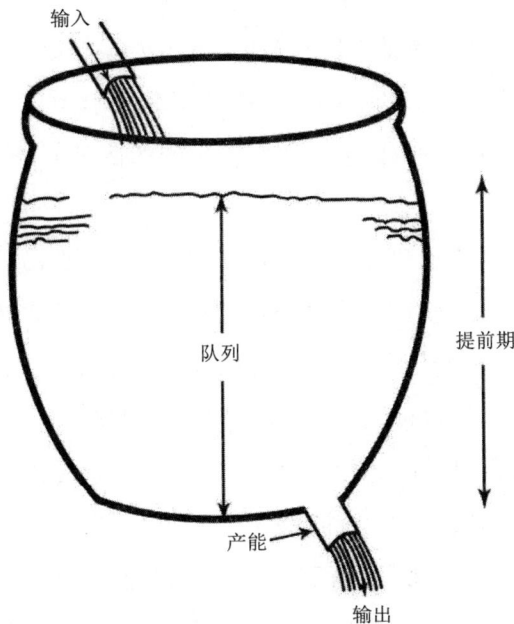

图5-4　排产概念图

　　对一口水缸来说,水的高度就是排产的队列,是由水的流入与流出的速度差决定的。如果流入的速度大于流出,水缸里的水就会越来越深,也就意味着积压的订单越来越多。这个时候企业要做两件事,一是评估未来的需求,如果持续供不应求,企业要考虑提高流出的速度,即通过投资厂房、设备、招募工人等手段扩充产能；二是如果未来的需求可能降低，企业可以不扩产，而是给订单排优先级，保证高优先级的订单先流出，低优先级或者没有优先级的订单往后排，甚至不进水缸（即拒绝接受订单）。这个过程，从客户的感知来看，就是供应商的交期一再延长。就拿半导体行业来说，很多芯片的交期从 18 周变为 26 周甚至还在延长，就是因为产品供不应求，供应商尚未扩产且客户的订单优先级较低造成的。因此，从这个角度来看，交期是产能的外延和缓冲。交期越长，水位越深，就能容得下更多的水；交期越短，流出速度又慢，就会导致非优先级的订单一再推后，部分客户的满意度下降，降低了供应链的服务水平。正是看到这一点，计划部经理才决定接了一个差不多的新 offer（录用信）走人，而不是等着供应链"爆雷"。

除了交期，还有一个因素能够缓冲产能，就是库存。相对于交期，库存比较容易理解。当一个紧急需求到来时，如果你刚好有库存，就可以立即发货满足客户需求，而不需要影响正常的排产，因为在按库存生产的情况下，排产计划一般由销售计划主导。

虽然库存的作用易于理解，但是在哪里建库存，建多少，如何补充却是问题，只能具体问题具体分析，但是通用的原则却有一个，就是所有的库存都必须有价值。例如，成品库存可以满足部分客户快速交付的需求，半成本库存亦然，原材料库存可以抵御供应短缺或规避价格上涨，等等。健康的库存一定是流动的库存，而不是呆滞的库存，因为呆滞的库存除了增加水位的深度，浪费资源（如占用场地、浪费排产、占用资金），还得定期被人为地排出水槽（处理呆滞），才能保障水流的通畅。

当然，如果设备、工人、交期和库存都不够，就只能依靠本文开头提到的强执行方法，把订单提到最优先级，逼着自己人和供应商一起加班加点来弥补。但问题是，强执行是一种病态的供应链管理方式，里面有很多资源浪费（如加急运费、产能透支、工时透支、其他客户满意度下降），就像一个人带病坚持上班，虽然对眼前的急活有帮助，但是容易把人累垮，甚至传染身边的人，产生更大的负面影响，得不偿失。强执行也是一样，如果把病态搞成常态，不但供应链柔性被透支了，而且优秀的人才也会离场，剩下的都是相信"大力出奇迹"的人，不会对症下药地优化供应链，就会透支企业未来的竞争力。

第四节　生产计划管理是个什么活

上一节介绍了交期、排产、产能与库存的相互关系,它们都与生产计划有关。

在本文,笔者将介绍生产计划管理。

有人说生产是个苦活累活,需要出大力、流大汗。没错,如果生产计划管理得不好,紧急生产订单就会增加,生产计划员就得迅速调整排程、采购员就得紧急从供应商处拉料、车间工人就得紧急调线并加班加点赶工、库管员就得紧急办理入出库、物流员就得紧急约车保证及时发运。

但是如果生产计划管理到位,企业的生产节奏就会相对稳定,工作不慌不忙,车间里出现一片祥和的景象。

那么,为什么有的企业生产计划难以管理,有的企业生产计划安安稳稳呢?

我们需要从生产订单的分类来理解这件事。通常,生产订单分为两类,即按订单生产和按计划生产,它们的区别见表 5-1。

表 5-1　按订单生产和按计划生产的区别

项　目	按订单生产	按计划生产
变动性	产品(如配方、包装)可视客户或订单要求而变动	根据市场需求的预判或预测生产
差　异	多样少量	少样多量
竞争手段	较短的交货周期 客制化设计	价格领先
生产效率	人工为主	设备为主
材料需求时间	随排产计划确定	随生产计划确定
成品库存	少	某些时段可以多
原材料库存	少(战略库存除外)	少(战略库存除外)
排产稳定性	不确定性多,可能频繁插单	固　定

可见,不同类型的生产订单具有不同的排产稳定性,会给供应链及车间带来不同的影响。

为了有效控制生产订单，尤其是按订单生产的稳定性，我们需要从生产计划管理。

与销售计划相同，生产计划因展望期不同也分为战略、长、中、短四期计划。

战略生产计划的展望期一般在 3～5 年，源自战略发展计划（即战略层销售计划），用来指导未来产能扩充计划、自制与外购战略决策、战略物料资源开发与确认、工艺与技改研究计划和人才梯队培养计划。

年度生产计划的展望期是 1 年，源自年度销售计划，用来指导各产品的生产计划、物料需求计划、人力需求与培训计划和产能与设备计划，需要向销售、主计划和上级领导输出产销计划对比表。产销计划对比表见表 5-2。

表 5-2 产销计划对比表

项目	1 月	2 月	3 月	4 月	5 月	6 月	7 月	8 月	9 月	10 月	11 月	12 月
计划产量												
目标销量												
差异												
存量												

中期生产计划的展望期一般在 1～6 个月，源自产销协同后的主计划，用来指导具体产品的生产计划，具体见表 5-3。

表 5-3 中期生产计划表

品名	批量	计划量	周 数								
			1	2	3	4	5	6	……	13	14

短期生产计划的展望期一般在 1～4 周，源自销售计划（按计划生产）或销售订单（按订单生产），即在未来 1～4 周内，每天的生产排程，用来指导具体的生产安排。

如图 5-5 所示，你会发现不同展望期的生产计划，对应不同的时界，分别是：

战略生产计划——年

长期生产计划——月

中期生产计划——周

短期生产计划——日

其中,战略生产计划用来指导生产资源开发,长期生产计划用来指导生产资源准备,中期生产计划用来指导生产资源计划,短期生产计划用来指导生产排程与执行。四者相互衔接、相互配合、周密计划,才能有效管理生产计划,有效控制计划的稳定性。

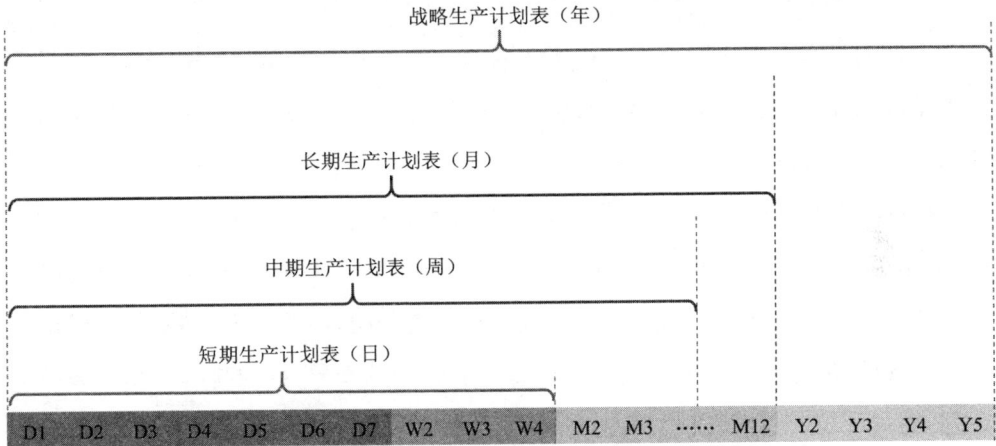

图 5-5　生产计划的展望期与时界

当然,想要管理好生产计划,还要借助绩效考核,常见的五个生产计划考核指标及计算公式分别是:

(1)生产效率=实际产量/标准产量×100%。

(2)设备稼动率=设备实际生产产品的工时/设备投入工时×100%。

(3)生产进度达成率=实际累计完成的生产数量/全期预计完成的生产数量×100%。

(4)材料使用率=实际用量/标准用量×100%。

(5)品质效率。

①不良率=不良品总数/总生产量×100%;

②重修率=重修数量/总生产量×100%。

对于生产计划管理来说,还有一个重要的考虑因素,就是产品的标准生产周期，是交付周期的重要组成部分，这一点主要依靠从事工业工程的人（industrial engineer，IE）工程师通过专题研究不断增加生产的效率，降低制造工时，不断缩短标准生产周期，给生产计划带来更多柔性。

第五节　主计划与排程计划的管控模式

主计划是在产销协同会议后由需求计划、供应计划、产能、库容、运力、物料等约束条件相互作用输出的"一套计划"，展望期一般在 6～18 个月，用来指导生产计划和物料需求计划。

排程计划是基于某个生产模式的排产计划，展望期一般在 4 周，其中第 1～2 周往往基于在手订单和客户预测排产到天，3～4 周往往基于需求计划排产到周。

从字面理解，这两个计划分属不同层级，泾渭分明，但实际上，如果不能把这两个计划管控好，企业的集成计划就会出现"两层皮"的现象，导致排程计划主导整个计划，而主计划形同虚设。

为什么这么说呢？

接下来，笔者需要按照生产计划模式分别讲解。

考虑两种有代表性的生产计划模式——MTS 和 MTO。在 MTS 模式下，由于排程计划由主计划直接指导，而不受销售订单的影响，物料的供应也由主计划指导，因此，在 MTS 模式下集成计划不会出现两层皮，是最容易管控的情况。

但是 MTO 模式会比较复杂。

在 MTO 模式下，排程计划由销售订单直接触发，而中长交期的物料供应由主计划指导。如果主计划不能约束销售订单，一旦主计划与排程计划的偏差较大，就需要供应链紧急拉料或紧急推料，破坏企业与供应商的关系，是企业在供应链管理水平较低时采取的计划管控模式。

高水平的计划管控模式是既要让销售订单触发排程计划，又要让主计划约束销售订单，只有这样才能有效缩减物料计划与生产计划的偏差，实现"一套计划"的强管控目的。

Q："主计划怎么约束销售订单？如果客户下发一个大订单，难道不接吗？"

A："毋庸置疑，企业一定要接销售订单，只是怎么接的问题。对于供应链管理水平低的企业，客户的短期增单会打乱排程计划和到料计划，生产部和采购部只能通过高强度的提拉来满足客户和销售的要求，造成很多资源浪费。而对于具有卓越供应链管理能力的企业，他们会管控一个时间段内的总产量。例如，一家公司的主计划显示，下个月计划生产一万件成品。自然的，相应的中长交期物料会在本月底或下月初陆续入库。进入下个月后，如果销售订单少于主计划，那么，供应链应催促销售拿单，或请求客户提前将预测转化为订单下发，以便缩小主计划与排程计划的偏差；如果销售订单多于主计划，对于难以到料的销售订单，供应链应要求销售部与客户商谈，以产能或到料困难为由，申请将该销售订单排到下下个月，以便确立主计划的中心地位，通过主计划牵引销售订单、排产计划和物料需求计划，形成'一套计划'的强管控模式。"

Q："那么，如果在未来较长时间，销售订单都比主计划多，应该怎么办？难道要白白浪费商机吗？"

A："如果出现这种情况，在下次产销协同会议前，销售部要更新销售计划；在产销协同会议上与主计划员达成一致，更新主计划，再由新版主计划指导下个月的订单、排程和到料，从而指导实际业务，而不是本末倒置或者两层皮。"

综上，管理主计划与排程计划是卓越供应链管理中的高阶技能，需要供应链管理组织在企业拥有较高的地位，能够推动销售部配合。

如果你的企业的生产计划模式是 MTS，由主计划指导排程和到料即可，非常简单；如果你的企业的生产计划模式是 MTO 且供应链管理组织的地位不高，只能接受销售订单不受主计划约束而直接触发排程计划的管控形式，美其名曰"以客户为中心"；如果你的企业的生产计划模式是 MTO 且供应链管理组织的地位较高，就让主计划约束销售订单，通过主计划强管控的模式真正形成一套高水平的集成计划。

你问我答

主计划、生产计划与销售插单的管控模式

Q:"姜老师,公司负责生产计划的人在工厂工作,有的时候,工厂考虑自身利益,会挑单或不配合主计划员的插单决策,应该怎么办呢?"

A:"这件事还真的挺复杂,需要一定的计划专业性才能找到稳妥的解决方法。

首先,从组织架构上分析,很多优秀的企业会把生产计划职能纳入总部的集成计划部,与主计划员同属一个部门,但是人要坐在工厂,以便及时掌握生产情况。

其次,企业一定要意识到,计划是一门专业,需要由专业的人来做。就拿生产计划员来说,一定要懂排产的方法。例如,以周度总的生产量为依据,安排并批生产,监控产能利用率,如必需扩产则要触发扩产评估。一旦发现较为严重的生产异常,要在第一时间向主计划员汇报。

最后,企业要给主计划员、生产计划员和车间设立相同的目标,比如共担客户订单准时交付率,这样才能把三者的利益绑在一起,避免天然的矛盾冲突。"

Q:"我还有一个问题,就拿销售插单来说,到底应该如何管控呢?"

A:"销售部门频繁插单,打破供应节奏是常事,但如何管控是难题。想要解决这个难题,我们需要明确计划职能在这个话题中的立场。答案只有一个,计划部必须保持中立,否则不是令销售部不满,就是令生产或采购部不满。

那么,针对销售插单,计划部应该怎么做才能公平合理,保持中立呢?

有以下三条规则需要遵守:

(1)在主计划规定的产量之内,有原材料且不影响其他已承诺订单的情况下,生产计划员可以直接安排插单;

(2)在主计划规定的产量之内,但缺料或影响其他已承诺订单的情况下,由生产计划员升级至主计划员决策;

(3)在主计划之外的一切情况,由生产计划员升级至主计划员决策。"

第六节　如何用好 MRP

Q:"什么是 MRP?"

A:"MRP 是 material requirement planning 的缩写,意为物料需求计划,是一个做物料计划的工具,是指在获知销售计划、供应计划、物料清单和库存信息的情况下,帮公司计算在什么时间、什么物料、需要到货多少数量,从而根据供应商的交期、物料收货、质检、入库、出库、线边的缓冲时间、固定批量和最小起订量推算出何时应该给供应商下订单,购买多少数量的物料。另一方面,MRP 会告知生产何时领料、何时生产、成品何时入库,以及数量是多少。"

很显然,MRP 是物料需求场景与数学计算公式相结合的产物。想要进一步了解,我们可以从净、拆、合、补、替、耗、齐、诺八个字解读,分别是指:

(1)净是指净需求。计算净需求是 MRP 的核心目标;

(2)拆是指生产订单/委外订单/采购订单的拆分。大订单量可以按照经济生产批量分拆,增加排程的柔性和物料的齐套率;

(3)合是指生产订单/委外订单/采购订单的合并。MRP 可以把一段时间内的需求合并成一个或几个经济批量,以方便制造、委外和供应商的协同,减少换型次数,提高生产效率;

(4)补是指可以根据补库点、安全库存量的设置点,实现自动补货;

(5)替是指在制造过程中,允许替代料或替代组件;

(6)耗是指计算物料损耗和工时损耗,避免生产因为欠料而欠数;

(7)齐是指 MRP 可以采用最简单的方式(前置期)计算物料的齐套时间;

(8)诺是指计算了齐套时间,加上生产、入库和运输时间,就可以进行交期承诺。

看上去 MRP 是一个很完善的方法,可以将企业的采购订单与排产完美结合,从而使企业精准地完成成品的生产,保障销售订单的及时承诺和交付。

但是在现实中,很多公司的 MRP 却用不起来。

为什么呢？

经过分析，笔者总结以下四点原因，分别是：

(1)销售频繁插单；

(2)主计划展望期太短；

(3)计划员的执行力不强；

(4)采购订单不清理。

关于销售部门频繁插单造成的影响，可以想象这样的场景：第一天 MRP 计算出了一版物料净需求和排产计划，但是第二天有位销售经理突然说有两个重要的急单要立即安排生产，把本来排好的排产计划重排，采购计划也要重新做；第三天又有不同的销售人员想要插单，这就不是简单的重排问题了，因为这个时候派单的机制已经乱了，完全是由人为因素在主导排产和采购。因为第四天、第五天还会出现急单或者减单的情况，在失去销售订单稳定性和排单机制的情况下，MRP 就会失去作用，只能通过人工维护 Excel 来调整排产计划。至于物料，就得靠采购人员逼着供应商先送货后补订单，MRP 系统哪能用得起来。

关于主计划展望期太短造成的影响，可以想象这样的场景：一家瓶颈物料的供应商要求把交期延长到六个月，而你的公司的主计划展望期只有三个月，那么，针对这种瓶颈物料，由于输入信息不够，MRP 没有办法计算净需求，只能依靠采购员根据历史数据估计。

关于计划员的执行力不强造成的影响，可以想象这样的场景：即使 MRP 算出一版物料净需求和生产排产计划，但是计划员如果不跟进采购与生产部门，就可能因为现实中的一些突发事件打乱之前的计划，导致 MRP 生成的计划失效。

关于采购订单不清理造成的影响，可以想象这样的场景：有一个采购订单购买 1 000 件零件，但是供应商在交来 800 件之后，由于原料涨价，要求提价；而采购员会拿采购订单说事，不同意涨价，于是供应商立即停止未交付剩余 200 件的供应，而采购员不同意取消订单，事情就搁置在那里了。虽然实际上这个订单不再履行了，但是系统中却一直存在 200 件未交付的部件数量，MRP 就不会再生成 200 件的净需求数量,导致物料短缺。长期积累下来,MRP 的结果越来越不准确,也就导致计划员放弃使用 MRP。

可见,MRP 只是一个做物料计划的计算工具,而不是一个管理工具,如果没有配套的管理机制来配合 MRP,MRP 就会用不起来。

那么,企业应该建立什么样的管理机制,帮助物料计划员把 MRP 用起来呢?

要让 MRP 计划回归"本、真",供应链需要做好以下六件事情:

(1)提升预测准确率。与销售部协同,逐步提升销售预测的准确率和稳定性,减少插单。

(2)主动管理插单。参考前文介绍的主计划、生产计划与销售插单的管控模式,主动管理插单。

(3)输出正确的主计划。对于主计划,MRP 的期待是正确的展望期和颗粒度。正确的展望期是指主计划的展望期要大于累计生产期。其中,展望期是主计划的时长;累计生产期是从订料到生产的最长周期。

从颗粒度来说,MRP 当然希望主计划能够体现每月每种产品生产多少,但由于计划的"越远越不准和越精越不准"的特性,MRP 也可以容忍主计划在中长期输出产品系列的需求,而不是具体到每个产品,再统计产品系列与长周期物料的数量关系。例如,过去三年中每一年某产品系列的销售数量与长周期物料的采购数量,始终保持 10 比 6 到 7 的关系,就可以拿来指导长周期物料的备料。

(4)强执行。俗话说,有了正确的计划,但是没有正确的执行,等于没有计划。

很多时候,计划准不准,不完全取决于计划本身,而取决于执行力,因此,供应链往往要求每一位计划员都具备推动供应链相关部门的能力。如果计划员只做计划,不抓执行,供应链管理者就会把板子打在计划员的头上,质问:"你做的什么破计划,浪费了公司的资源。"因此,计划员在自己挨板子之前,一定会先把压力转移给采购、生产、仓库和物流部门,要求采购部全力追供应商,要求生产部加班加点赶工,要求仓库保障账实相符,要求物流部及时安排发运。只要物料按照计划到了,成品按照计划做出来了,账实相符了,及时发运了,MRP 的结果就与计算相同了,MRP 也就准确了。

(5)及时清理未关闭订单。对于有争议的采购订单,管理者应定期检查,督促采购员及时关闭,而不是与供应商无休止地扯皮,影响 MRP 的准确性。

(6)优化供应商资源池。采购部要加强供应商管理。一方面增加战略供应商的数量和采购额,不断缩短采购交期,不断提升物料到货及时率;另一方面及时将不讲信用、配合度差的供应商淘汰出去,优化供应商资源池。

只有做好以上六点,才能用好 MRP。

第七节　MRP 的时界划分

由于不同物料存在不同的采购交期和一次到货量,不同的供应市场也存在不同的供需关系,基于这两点差异,针对不同的物料,物料计划员应该分时界计算 MRP,具体是指分为年、季、月、周、日五个时界计算 MRP,其应用场景如下:

1. 在每年年底或年初,基于年度销售计划,物料计划员应该计算 MRP,输出关键物料一年的耗用量,用来检查供应资源是否足够;

2. 在每个季度末,基于主计划的中长期需求,对于关键物料,物料计划员应该计算 MRP 做一次供需检查,确认供应资源是否足够;

3. 在每个月,基于主计划,对于采购交期或一次到货量大于等于 30 天的物料,物料计划员应该计算 MRP,以便根据物料净需求下发采购订单;

4. 在每个周,基于周度生产计划,对于采购交期或一次到货量大于等于 4 天,小于 30 天的物料,物料计划员再计算 MRP,以便下发采购订单或叫料;

5. 在每天,基于日排产计划,对于采购交期或一次到货量小于等于 3 天的物料,物料计划员应该叫料。

这样做的好处是,以年度和季度为时界,基于销售计划提前检查供应资源;以月度、周度和日度为时界,基于不同物料的不同交期和一次到货量合理控制订料的频次和数量,平衡库存资金和仓容。分时界计算 MRP 见表 5-4。

表 5-4　分时界计算 MRP

供应链计划	时界	物料计划	物料定义	注意事项
年度销售计划	年	年度物料供应资源计划(年)	·重点检查存在供应市场资源紧张或产能局限的物料	·对供应趋紧的物料用框架订单锁量
产销协同计划	季	长周期 M4～M12 物料备料(季)	·采购交期或一次到货量大于等于 90 天的物料	·按需求提供物料级预测
主计划	月	中周期 M1～M3 物料备料(月)	·采购交期或一次到货量大于等于 30 天的物料	·节假日提前到料
	周	短周期 W1～W4 物料备料(周)	·在下发预测或订单备料的前提下,物料运输补货周期或一次到货量大于 4 天,小于 30 天的物料	·节假日提前叫料
日生产计划	日	短周期 D1～D14 物料备料(日)	·在下发预测或订单备料的前提下,物料运输补货周期或一次到货量小于 4 天的物料	·节假日提前叫料

情景再现

供应商的产能问题到底是个什么问题

学员问:"今年线束供应商一直有产能问题,导致生产停线,找不到好的方法。"

笔者问:"你们每年不做供应资源检查吗?"

学员答:"做的。"

"那就奇怪了。企业在每年年底都会制定下一年的销售目标,在对应的物料需求量拆解出来后(通常要基于年度销售目标增加 1.2～2 倍的安全系数),采购应该检查每一家供应商的产能,重点关注需求峰值与供应商产能的匹配性,并要求关键类和瓶颈类的供应商作出书面承诺。如果某家供应商遇到产能瓶颈,要根据不同的原因要求供应商投入模具、改造设备或者增加人手。如果某家供应商的产能缺口较大,那就要引入第二家、第三家。"

"姜老师,你有所不知,线束这个行业有明显的淡旺季,尤其是在旺季,供应商的人手会明显不足,而我公司的采购额占比又不大,供应商重视程度不够,所以无法保证产能。"

"你们为什么不'削峰填谷'呢，将旺季的部分产能迁移到淡季来生产？这是应对季节性波动的不二之法。是因为财务部不让备库存吗？"

"倒是与财务部没有关系。是因为销售部决定产品的具体型号太仓促，不停地打乱原有的排产计划，导致供应商提前生产的线束卖不出去，而临时增加的线束又做不出来。"

"请问，这与供应商的产能有什么关系？任何短缺都是由两个因素引起的：

一是需求突增，你所说的线束供应短缺就是这种情况；

二是供应商的问题，可能是排产、人为失误、物料短缺等问题。

如果我们想要精准地解决问题，就要准确地界定问题。

你所描述的问题，并不是供应商的产能问题，而是在没有较为准确的预测的情况下，供应商的产能约束没有反馈到你公司的排产计划中，也就是说，你的公司的计划员只是一味地迎合销售员的无预测订单，没有考虑供应商的反馈，做了一个供应商根本满足不了的物料需求计划，然后逼着采购去催料，其结果就是供应商根本无法满足物料需求计划，生产一再停线，是'双输'的结果。

如果计划员在接到销售员的无预测订单时，将供应商的最短交期考虑进去，再请销售员安抚客户，请采购追料，大家往一个目标使劲，双管齐下，计划也就准确了。

那么，供应商自然也就没有所谓的产能问题了。"

"听起来是计划员有问题，而不是供应商有问题，对吗？"

"对又不对。采购不是把供应商的一切限制条件都一股脑地丢给计划员就万事大吉，而是要看实际情况，包括供应商间供应能力的横向对比。

所谓"打铁还需自身硬"，采购员不能完全以需求激增和计划错误来迁就供应商。对于供应商来说，采购员需要约定供应的限制条件，比如在最紧急的情况下，一周内能够保证出货多少？如果是 2 000 个/周，这代表供应商现在的供应极限。但是，明年呢？后年呢？是不是应该有一份供应商的供应能力提升计划呢？

如果采购员只是与供应商'穿一条裤子'，一味地给计划员设限制，而不从中长期推动供应商增加供应柔性，就是故步自封，一段时间以后就会拖累供应链的柔性。"

"你讲的道理我听懂了。但是以我对所在企业的了解,我们完全是以销售部门为主导,因此,你所说的计划与供应商协同,在我们企业根本无法实施。"

"你要让企业的负责人——老板认清事实。不顾供应链限制的无预测销售订单是不可能达成的。在一段时间内,可能是一个星期,生产计划必须锁定,只有这样,物料计划才能稳定,才能兼顾供应链的效率和成本,使得你的公司的产品在市场上最具成本优势。另一方面,你们要适当控制客户的期待,在交期方面给客户一点限制,让客户意识到,如果想要质优价廉的产品,在交期上就不能有过激的要求,因为交期、品质和成本三者难以兼得。"

"这些道理我都明白,只是我的老板啊,只顾销售。"

"这是供应链管理从业者面临的普遍痛点,我能理解。怎么办呢?除了坚韧不拔,恐怕没有更好的办法,毕竟,一家企业的所有问题最后都能归因到老板身上,而想要改变老板,又是很难的事情。"

"好吧。真希望姜老师能跟我的老板谈谈。如果有你在,他会听的。"

"随缘吧。一切祝好!"

在以上的对话中,可以悟出三个道理,分别是:

(1)计划员的中心只能是计划,而不是销售、生产部门或者供应商。计划员的任务是平衡销售需求和供应瓶颈,输出一套集成的计划,再推动销售、生产和采购部门一起达成;

(2)在实际工作中,很多企业的计划之所以混乱,主要原因是销售部门主导计划,计划员执行销售部门主导的计划,采购部只能催着供应商疲于奔命,也就有了到处救火之感;

(3)改善供应链管理水平的前提是在短期构建供应链管理能力,在中长期推动持续改善,也就是在稳定输出的同时,不断增加供应链的柔性,这往往是在一家企业从小到大发展的过程中,供应链管理必须要做好的事情,也是很多企业因为意识不到,没有做好的事情,需要警醒世人。

第八节　新品上市和老品退市如何与供应链管理衔接

很多企业在由小到大的发展过程中，由于产品生命周期管理不善，对计划产生了不良影响。最典型的问题是在新产品开发阶段，项目经理给到采购员的时间不够，导致供应商只是提交了合格的样品，但是没有做好量产准备，产品却开始爬坡。在爬坡的过程中，物料通用性差、交期长、产品的质量问题、检具问题等各种问题都会暴露出来，导致新品上市不及时，丢失商机，板子自然拍在供应链管理相关部门身上。另一方面，在老产品退市阶段，很多公司由于缺乏跨部门协同机制，导致物料呆滞却没人管理，也会给企业和供应商造成损失。

因此，如何将新品上市（new product introduction，NPI）和老品退市（end of life，EOL）与供应计划集成，形成一套良性的计划管理机制，是很多企业亟须解决的问题。笔者认为这个问题不难解决。

对于新品上市来说，采购部需要派代表加入新产品项目组，采购人员在早期介入时，如果发现研发选型不通用，供应商是瓶颈型供应商，需要在第一时间向项目经理和研发人员预警；在项目进行过程中，积极了解研发的需求，积极寻源或者引入优选供应商，力争在项目期间规避物料专用、供应周期长、供应商切换难度大等供应风险。在项目快要进入量产期的时候，物控部门也得派代表介入，及早获得首版供应计划，再与采购人员和质量人员确认供应商是否具备量产条件，看供应商的物料和生产是否已经按照供应计划准备妥当，供应商是否已经承诺按物料爬坡计划交付；如果发现问题或风险，物控员需要及时向项目组预警，争取更多时间做改进；之后物控员才能把活接过来，从爬坡开始管理。这就是 NPI 的计划协同方式。

对于老品退市来说，在产品退市前3~6个月，产品经理应通知主计划员预计退市时间，以便及时消耗成品及长周期物料的安全库存；在产品即将退市时，由产品经理邀请财务、销售、研发、采购各部门经理和主计划员组成专项评估小组，其中主计划员需要统计成品、半成品库存数量和物料在库、在途和在供应商处的数量，研发工程师评估物料复用的可行性，采购员评估物料退货或转卖的可行性。拿到评估结果后,由产品经理和销售经理协商,决定是通过打折促销等手段销售库存(可以考虑把物料做成产品一并打折销售),还是承担成品、半成品和物料的呆滞处理费用,进行新老产品切换。最后在财务部门的同意下,各方按分工执行老品退市计划,得到各方认可的最优结果。

可见,只要规定相应的职责分工和协同机制,新品上市和老品退市与供应链管理衔接起来并不难,关键在于企业高层的重视程度。

小明的故事

天波公司的生产计划与排程计划管理

俗话说"计划指导执行",但是天波公司却面临生产计划与排程计划两层皮的尴尬局面,原因是生产计划按周依据供应计划滚动,展望四周,用来检查物料齐套、指导到料;而排程计划依据销售订单按天滚动,展望两周。很明显,从流程的角度看,这两个计划没有交集,触发条件也不相同,天然具备了"两层皮"的条件,如图 5-6 所示。

供应计划 ➡ 周生产计划 ➡ 物料需求计划 ➡ 按周到料

销售订单 ➡ 日排程计划 ➡ 物料需求计划 ➡ 按日到料

图 5-6　生产计划与排程计划管理流程图

由于天波公司的一些大客户不讲"武德",销售订单的下达时间和数量与销售预测相差甚远,紧急插单多,导致月生产计划达成率很差,无法真正指导日排程计划,形同虚设,带来的恶果是计划员需要天天重新排程,紧急物料采购很多,成品和原材料呆滞库存高企,给天波公司带来额外损失。

小明意识到,这是一个很关键的问题。如果解决不好,前期投入的需求管理、产销协同等努力将付之东流,计划和采购也会长期处于救火状态;如果解决得好,能够形成一套有效的集成计划,整个供应链管理的复杂度都会降低,所有指标都会提升,所有员工也会做得更轻松,供应商也会更加满意。

如何解决这个关键问题呢？

小明想到，只有通过制定规则加以约束，才能解决生产计划与排程计划两层皮的问题，因此，小明决定建立以下两条规则，分别是：

1. 日排程计划每周生产的成品总量不得超过周生产计划，以便保证物料资源足够支撑生产，避免紧急采购和催料；

2. 优先保障VIP客户的订单，如果VIP客户的订单与其他客户的订单冲突，就推后其他客户的订单。

很明显，这套规则其实是在限制销售人员，不让他们不分轻重缓急地插单，同时又能保障VIP客户的利益和供应商的利益，是一种高明的"平衡之术"。

在与销售总监沟通时，小明是这么说的："如果没有这套规则，销售人员一定不会重视预测，而是任由订单指导生产，这样就会走回我们的老路，让卓越供应链管理转型升级成为一句空话，而这套规则可以倒逼销售人员与客户充分协同，把销售预测做得更准。要知道，销售预测准确率每提升1‰，供应链管理的复杂度就会成倍降低，效率就会大幅提升，库存也会降低，从而可以降低运营成本，增加产品的竞争力，提升客户满意度，帮助销售扩大市场份额。"绕了一大圈，小明终于推导出这套规则给销售带来的利益是什么。

虽然不喜欢受到限制，但销售总监还算聪明，理解了小明的意思。他仔细想了一想，这套机制并没有伤害到大客户，而且还一改之前不分客户等级，谁先下单、谁先生产、谁先拿到货的无序管理现象，能够使得客户分级管理的理念落地。在权衡利弊之后，销售总监点头同意。就这样，通过建立一套高明的规则，小明解决了卓越供应链管理的一个棘手问题，大大增加了天波公司向卓越供应链管理转型升级的成功概率。

那么，在建立了一系列规则，解决了集成计划的若干痛点之后，天波公司在采购计划又面临哪些问题，小明将如何解决呢？

第六章　采购计划

采购计划在有的公司也叫采购履行或采购执行，是卓越供应链管理的后端计划，主要任务是承接物料需求计划，在定商定价之后，向供应商下发预测和订单，跟进供应，处理异常。

随着近几年供应市场的波动变得越来越大、越来越快，采购计划也在变得越来越复杂。如何从价值和风险的维度对物料分类，如何科学管理采购预测、采购订单、备料模式、下单模式、交货计划，如何加强与供应商供应链的协同，从而有效管控物料供应的不确定性，防止在物料供应端产生牛鞭效应打乱生产端和销售端的计划，越来越成为卓越供应链管理关注的焦点。如何管控到位？请您继续阅读。

采购计划在卓越供应链管理框架中的位置如图 6-1 所示。

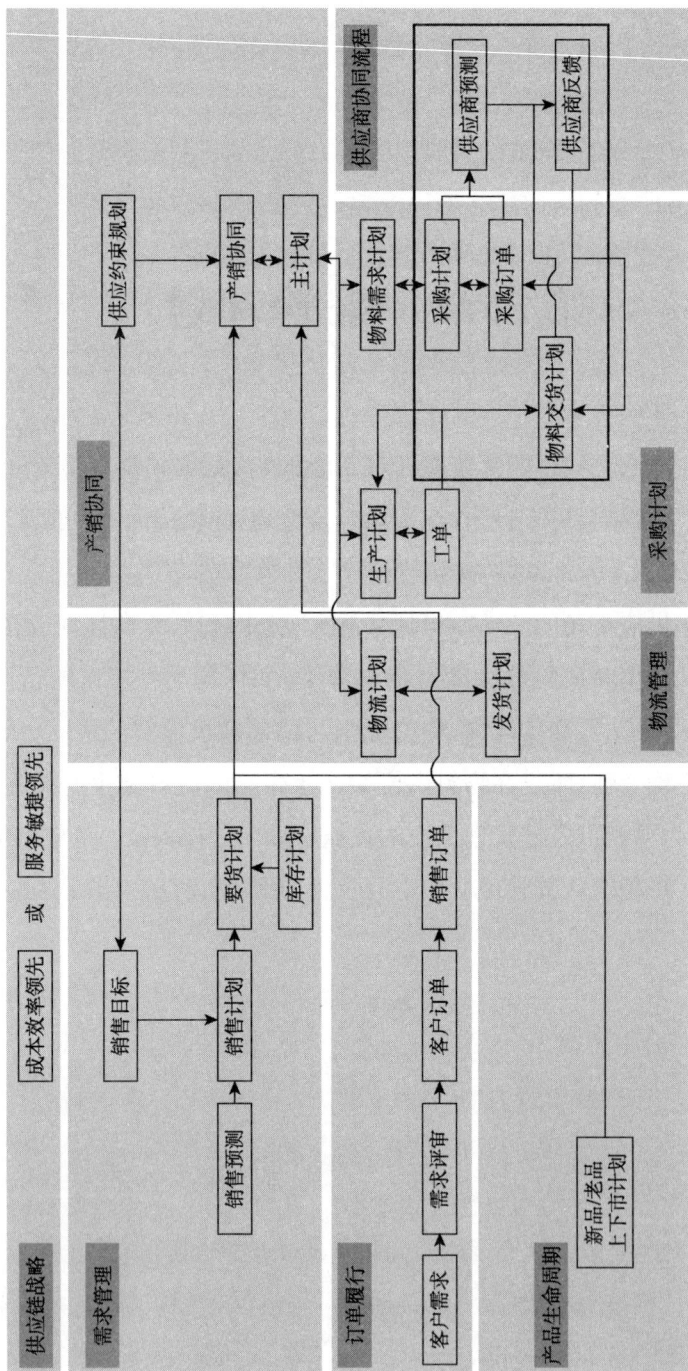

图6-1 卓越供应链管理框架图之采购计划

第一节　采购计划是个技术活

在 20 世纪 70 年代,采购工作在美国被誉为职业生涯的最后一站,因为那时的采购工作以执行采购计划为主,在别人眼里就是个买东西的。

现如今,随着市场需求与供应链管理变得越来越复杂,采购计划的复杂度也在不断增加,业已成为一个技术活,而不再是一个执行活。

想要做好采购计划,采购人员有七个问题需要解决。

1. 选择采购计划策略

采购计划策略是指针对不同的需求场景,采购部需要制定不同的买料方式,合理控制库存,具体对应以下四种策略,分别是:

(1)战略性计划采购。针对市场价格或供求关系容易变动的物料,需要在价格低位进行超前购买并储备商情库存,以便冲抵价格上涨对业务的影响,甚至有的企业会在价格高位时卖出部分物料获利。

(2)按库存计划采购。针对低值易耗品和备品备件,可以使用补货点法下发补货订单,例如某定制弹簧的起订量是 200 个,年耗用量约为 6 000 个(月耗用量约为 500 个),采购交期是一个月,几乎每天都有不同的需求部门下发几十个弹簧的采购申请,令采购执行员很头疼。看到这种情况,笔者建议设定补货点为 1 000 个,一次补货量是 2 000 个,这意味着一旦在库数量低于 1 000 个,系统将报警或自动生成采购申请,采购部立即下发包含 2 000 个弹簧的采购订单给到供应商,供应商在接单后一个月交付 2 000 个弹簧,此时在库数量应为(1 000−500)+2 000 等于 2 500 个,大约每2~3 个月采购一次。通过使用补货点法采购避免了低效的按需频繁采购和入库,节省了管理费用,前提是该低值易耗品或备品备件的体积较小、采购额较低。

(3)按需求计划采购。这是最常见的采购策略,即根据物料需求计划创建采购申请,再下发采购订单,其中,生产性物料的需求计划来自物控;非生产性物料、工程、设备和服务的需求计划来自归口部门。

（4）按销售订单采购。是指客户提供原材料，委托供应商加工的场景。供应商只需要在接到销售订单后从客户或客户指定的供应商处购买物料即可。

2. 确保采购计划与物料需求计划同步

推荐使用 MRP 将物料需求计划同步分解到采购计划。当物料需求过于集中，超过供应商的产能峰值时，需要人工将部分物料需求提前或推后，平衡供应商的产能。

3. 控制到料时界和频次

需要根据供应商关系、供应商距离和物料属性选择最佳的供货模式。常见的供货模式有四种，分别是：

（1）准时供货（JIT），即分时送货＋零库存管理，适合交付周期短、供应商的仓库距离近、供应商配合度高的场景；

（2）供应商管理库存（VMI），由供应商承担仓储费和送货费（供应商往往把库存放在甲方工厂附近），适用于供应商配合度高的场景；

（3）业务外包（BPO），即一揽子订单，往往是由于供应商不支持 JIT 或 VMI，要求按客户订单生产再从供应商的仓库直发的场景；

（4）采购订单（PO），适用于供应商不签框架协议或者价格一单一议的场景。

四种供货模式的适用性见表 6-1。

表 6-1　四种供货模式的适用性

订料模式	质量风险	物料价值	体　积	交　期	距　离	举　例
JIT	低	低	大	短	近	包材
VMI	低	高	小	长	远	零件
BPO	低	不一定	不一定	不一定	不一定	零件
PO	可能高	不一定	不一定	不一定	不一定	短缺料

一家公司在从小到大的发展过程中，随着它在某些供应市场中的采购份额逐渐增加，其供应商的供货模式也应该从 PO、BPO，依次发展到 VMI、JIT、JIT＋VMI。JIT＋VMI 管理的标杆企业诸如丰田汽车、宝马汽车、沃尔沃汽车、通用汽车、美的集团，它们要求供应商在客户工厂周边建厂或者租赁仓库，将成品库

存放在客户工厂周边，根据客户的采购预测准备库存，根据客户的 JIT 计划分时送货，这样客户就能做到物料的零库存管理。供应模式的升级次序如图 6-2 所示。

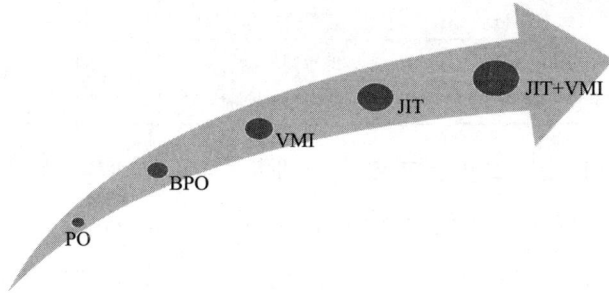

图 6-2　供应模式的升级次序

在明确了供货模式之后，企业需要制定相应的到料控制模式，如图 6-3 所示。

	M1	M2	M3	M4	M5	M6	M7	M8	M9	M10	M11	M12
按BPO到料	签署BPO		到料	生产								
	W1	W2	W3	W4	W5	W6	W7	W8	W9	W10	W11	W12
按PO到料	签署PO			到料	生产							
	D1	D2	D3	D4	D5	D6	D7	D8	D9	D10	D11	D12
按排期到料	叫料			到料	检验	入库	线边	生产				
	D1	D2	D3	D4	D5	D6	D7	D8	D9	D10	D11	D12
VMI	叫料	到料	检验	入库	线边	生产						
	H1	H2	H3	H4	H5	H6	H7	H8	H9	H10	H11	H12
JIT	叫料					到料	线边	生产				

注：M＝Month 月，W＝Week 周，D＝Day 天，H＝Hour 小时。

图 6-3　某企业不同供应模式的到料控制模式

不同到料控制模式的计划时界和适用性示例见表 6-2。

表 6-2　某企业不同到料控制模式的计划时界和适用性示例

序号	到料控制模式	采购交期	到货量时界	举　例
1	按 BPO 或 PO 到料	长(例如大于 30 天)	月	进口料
2	PO+按周叫料	中(例如 8~30 天)	周	省外料
3	PO+按天叫料	短(例如 1~7 天)	日	同省物料
4	VMI 模式叫料	很短(1 天)	日	同城物料
5	JIT 模式叫料	极短(例如 8 小时)	小时	同城物料

我们可以看到,按年度框架协议到料(即按照 BPO 到料),往往意味着供不应求,采购交期长,故按月控制到料时间较为合理;按一单一议到料(即 PO 到料),意味着企业与供应商没有高度协同,采购交期不会太短,故按周控制到料时间较为合理;如果供应商能够按照企业的生产排期到料而不是按照采购订单日期到料,说明供应商有较高的配合度,采购交期往往较短,可以做到按日控制到料;如果供应商提供 VMI 服务,往往可以做到当天叫料第二天到料,按日控制;如果供应商提供 JIT 服务,便可依据发货计划按小时到料。

4. 进行物料齐套控制

物料齐套控制是保障物料按时到齐、按时生产,以及成品按时交付的计划管控手段。很多企业由于没有规范的物料齐套控制机制,总是在生产开始前才发现缺料,只能紧急调整排产,造成很多资源浪费。想要管理好物料齐套,企业需要从战略、战术和执行三个层面入手,如图 6-4 所示。

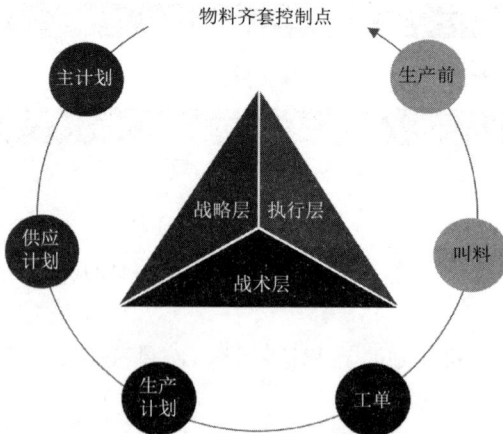

图 6-4　物料齐套控制方法示意

在战略层,企业在制定主计划时,物料计划员要根据供应计划检查长交期物料的齐套性。对于无法齐套的长交期物料,物料计划员要提早报告,主计划员通过调整主计划来确保主计划可执行;

在战术层,每次更新生产计划和开具工单时,物料计划员都要检查物料的在库和在途情况,判断齐套风险,确保生产计划和工单可执行;

在执行层,在叫料和生产开始前,物料计划员要多次检查物料是否齐套,如果有问题,就要提早调整生产排程,避免因物料短缺临时换线。

5. 抵御物料的短缺风险

对于市场短缺的物料,如半导体,采购人员不能简单地按照 MRP 系统计算出来的采购计划执行,因为短缺会导致来料不及时,而是需要采购与供应商快速反应、快速协同,甚至一次性把供应商的库存拉进来,以抵御短缺和涨价的风险,同时还要防止库存呆滞。这就需要采购人员一面与研发确认部件的产品生命周期,评估能否会因其他部件替代导致该物料呆滞;一面采用先进的风险备料方法,按照合理的数量备料(先进的风险备料方法将在库存管理章节介绍)。

6. 抵御物料的质量风险

如果我们只考虑物料净需求和抵御市场风险的安全库存,生产线上依然会出现缺料现象,因为我们没有考虑来料的不良率。这里可能会有两类问题出现:一是整批不良。在 JIT 的供货模式下,如果发生整批不良,根本来不及退货或返工,生产又不能停线,怎么办?这就需要我们提前建立一个良品库,相当于"预备队",当JIT 来料不良时,生产部门可以立即从良品库取原料,保证不停线;二是批次中有一定比例不良。这就需要我们根据历史数据设定一个合理的不良率,并把它加到物料需求计划的公式中。例如,某零件的来料不良率常年稳定在 2%~3%,我们就需要在物料需求计划中设定 3% 的损耗值。当产线需要 1 000 时,MRP 系统会通知我们购买 1 030 个,这样才能保证产线足额完成工单。

7. 谁干活、谁审批、谁负责?

关于谁干活、谁负责和谁审批,我们需要依照"RACI 模型",要点及使用方法介绍如下:

（1）定义。

①谁执行（R＝responsible），负责执行任务的角色；

②谁负责（A＝accountable），对任务负全责的角色；

③咨询谁（C＝consulted），在任务实施前或中提供指导性意见的角色；

④告知谁（I＝informed），及时被通知结果的角色，不必向其咨询、征求意见。

（2）注意事项。

①直接安排到人，而不只是部门；

②不要太多人负责同一职能；

③确保相关人员有时间和授权。

（3）制定方法。

①确认流程、分解活动，列出各步骤或者流程；

②识别流程和各项活动的参与者；

③在表格中填入每个参与者所对应的角色（RACI）。

某企业采购计划工作 RACI 示例见表 6-3。

表 6-3　某企业采购计划工作示例

项　　　目	寻源工程师	寻源部经理	采购计划员	采购计划经理	供应商质量工程师
物料分类	C	A	R	A	C
物料安全库存管理	C	I	R	A	—
物料战略库存管理	R	A	C	I	—
计划订单模式	R	A	I	I	—
物料需求计划	I	I	R	A	—
采购订单管理	I	I	R	A	—
采购参数维护	R	A	R	A	—
供应商交付绩效管理	R	A	A	A	—

综上，我们可以得出结论，采购计划已经不再是一个执行活，而是一个技术活，需要懂方法、熟场景、避风险。把采购计划做好做精，会让采购领导者高枕无忧，否则整个采购组织就会到处救火、疲于奔命。所以，采购组织必须重视这个岗位，舍

得投入资源,把人才培养好,体现它的价值。

当然,有的企业把采购计划职能划归物控部,甚至由物料计划员直接管理采购计划,这样做没有问题,只是在遇到供应商不愿配合或者供应绩效不好时,需要升级到采购部来处理。至于采购计划的管理方法,都是相同的。

📺 **你问我答**

执行采购应该放在哪个部门

Q:"姜老师,我们想把执行采购与开发采购分开。把执行采购划归 PMC 管理,你觉得怎么样?"

A:"通常的做法是这样的,但是也有特例。分开与否取决于四个因素,即价、商、量、时。

其中,价是指价格,商是指供应商,量是指采购量,时是指采购时间。只有在价格和供应商确定的情况下,执行采购与开发采购才能分开,否则我会建议把执行采购放在采购部。如果需要特别频繁地定商定价,我会建议让一个人同时负责某品类的开发和执行,否则两个角色需要频繁沟通,容易出错且效率低下。

例如,很多化工原料的价格随着采购量和采购时间的变化而变化,这意味着,一方面,一旦采购量和采购时间发生变化,开发采购就要重新定商定价;另一方面,一旦价格随着市场行情剧烈波动,在价格低位时,开发采购就要通知执行采购做超量购买,导致双方沟通频繁,工作效率下降,倒不如交给一个人做,解决工作脱节和分工繁复问题。

可见,执行采购与开发采购分开与否需要因企业而异,只有在价、商与量、时能够剥离开。例如,与供应商有年度协议价格或者可以从供应商处先购买后定价,使得价格和供应商不成为与采购量和采购时间直接关联的因素,执行采购与开发采购才能分得开。

这也解释了为什么最近一两年,有些企业把已经分开的执行采购与开发采购又合并在一起的原因,是因为很多原本供应和价格都稳定的物料,在最近几年变得越来越短缺，将两种角色合并可以增加他们对物料供应异常的反应速度和对供应商的管控力度，避免职责不清、相互扯皮，达到保交付的目的。

所以，当你想要将执行采购与开发采购分开时，请对照以上案例仔细分析采购品类的价、商、量、时之间的关系，不要轻易下结论。"

第二节　采购计划管理五步法

除了上文介绍的七个采购计划管理要点，为了适应供应市场波动时代特有的不确定性，我们还需要按照物料分类、订单模式、下单规则、备料模式和供应预警机制五个步骤精细化管理采购计划。

1. 物料分类

物料分类是确定订单模式、下单规则、备料模式和供应预警机制的前提，如果一家企业不知道如何对物料分类，也就无法针对不同的物料属性制定精细化的管理规则，就又会走回人治或一刀切的老路，根本没法适应新的环境。

那么，应该如何对物料分类呢？

按照风险和价值两个维度，物料可以分为关键物料、瓶颈物料、杠杆物料和常规物料，如图 6-5 所示。

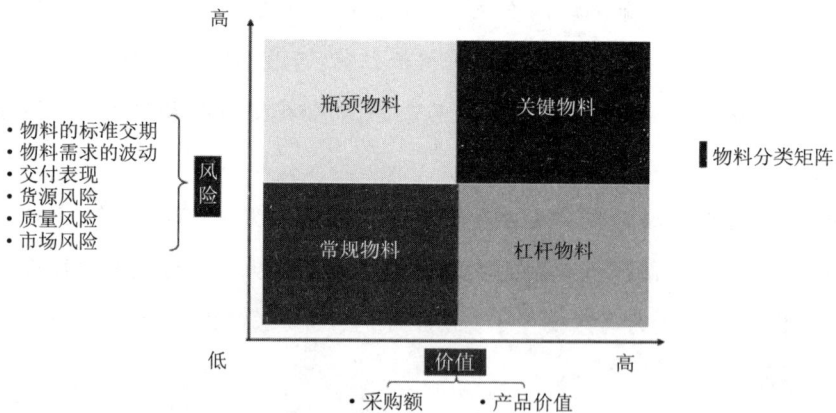

图 6-5　物料分类矩阵图

关于物料的价值，人们通常从两个角度审视，一是采购额的大小，二是对产品价值的贡献。关于采购额大小的判定，人们通常通过二八原则来判定，但是在具体落地时，我们不能简单地按照二八定律一刀切，而是要看产品的 BOM，看其中金额较大的物料有几种，金额较小的物料有几种，通过有代表性的 BOM 做测算。例如金额较大的物料很集中，只有 2～3 种，占 BOM 采购额的 60%，其余 20 种物料，每种物料的采购额都只占几个百分点，合计占 BOM 采购额的 40%。那么，我们可以以此为例，按照四六原则区分采购额的大小，即将物料按一段时间内的采购金额大小排序，占总采购金额前 60% 的物料被视为价值高，其余物料被视为价值低。

关于产品价值贡献的判定，很多人不知道应该怎么做。其实很简单，先跟研发部门讨论，获知哪些物料是独家配方的主要物料，能够凸显企业的产品竞争力；再跟销售部门讨论，获知哪些产品属于高毛利且市场前景广阔，其中用到的物料就是贡献高价值的物料。只要物料采购额大，或者价值贡献高，就被视为高价值物料，否则就被视为低价值物料。

相对于物料的价值，在供应市场波动的时代，人们更加看重物料供应的风险，因此，我们应该仔细想一想，对于一个物料的供应来说，都会存在哪些风险？

总结起来，有以下六种风险：

（1）物料的标准交期。量化交期风险的标准有两条：一是交期本身，例如，对于快消品行业，笔者一般会把长于一周的交期视为高风险，短于一周的交期视为低风险。当然，在指导企业落地时，要视企业对于物料交期的要求和实际情况来评判。二是交期的稳定性。例如如果一个物料的交期在一年内频繁发生变动，忽短忽长，就被视为高风险。

（2）物料需求的波动。从理论上讲，如果某段时间内，某个物料的协方差大于 1，就被视为高风险。还记得协方差的概念吗？

（3）交付表现。如果在之前的一段时间内，因为某物料的供应不足导致不齐套，那么这个物料就是高风险物料，或者某个物料的交付表现不达标，也被视为高风险物料。

（4）货源风险。唯一源供应或切换难度大的物料都被视为高风险货源。

（5）质量风险。质量不达标的物料都被视为高风险物料。

（6）市场风险。那些价格上涨、供不应求、严格受到法规管控的物料都被视为高风险物料。

可见，评估物料供应风险所考虑的因素要比评估价值重要性所考虑的因素多，只有这样才能识别所有供应不确定因素。

那么，在对物料分类之后，我们需要做什么呢？

2. 订单模式

订单模式是指，根据物料情况合理组合预测、合同、订单和交货计划，以达到稳定交期甚至缩短交期的目的。

Q："为什么要提'稳定'这两个字呢？交期不都是稳定的吗？"

A："不一定。在我辅导过的一家企业，曾经面临这样一个问题——企业为了获取最低价格，会在某个物料价格低点时大量买进，价格高点不买，而不是固定频次下发预测和订单，这导致企业在每一次下单前，都要与供应商确定交期。由于难以获得合理利润，供应商不愿给予产能优先级，导致每次承诺的交期都不一样，这无疑给采购计划带来了不确定性。"

Q："如何解决？"

A："在一单一议价的模式前加上一层长期合同。企业通过长期合同，承诺未来几年内从某家供应商购买某种物料的总量，这样做的意义是，企业用未来一定的业务量指导供应商适当备货并交换供应商一定的产能优先级，以便稳定交期。要知道，对于采购计划来说，一个稳定但较长的物料交期，要比一个不稳定的物料交期更有保障。"

关于如何缩短物料交期，通常的做法是，根据物料分类，采取不同的订单模式，见表 6-4。

表 6-4　按物料分类的订单模式

物料分类		订单模式	备　注
🔑	关键物料	预测＋订单＋发货计划	预测指导供应商备料，订单指导供应商生产，发货计划指导供应商运送

续表

物料分类	订单模式	备　注
瓶颈物料	预测＋订单	由于瓶颈供应商未必会接受到货计划,故按订单中的到货日运送
杠杆物料	订单＋发货计划	如果交期很短,可以直接用订单替代发货计划
常规物料	订单＋发货计划	如果交期很短,可以直接用订单替代发货计划

关键物料由于价值大、风险高,应通过预测＋订单＋发货计划的订单模式,指导供应商的备料、生产和运送,将采购交期缩减到最短,在保障及时交付的同时将企业的物料库存降到最低;瓶颈物料的供应商由于往往不愿接受按订单生产,按排期发运的订单模式,应通过预测＋订单的订单模式指导供应商的备料、生产和发运,企业应接受供应商按订单发运的要求;杠杆物料由于价值大和风险低,可以不发预测,而是通过订单＋发货计划的订单模式指导供应商的生产和发运,这也意味着杠杆物料的供应商往往需要自备物料和成品库存以满足企业的供应要求。如果交期很短,企业甚至可以直接下发订单替代发货计划指导供应商发运;常规物料的订单模式与杠杆物料的订单模式相同。

3. 下单规则

梳理完订料模式后,我们再来制定下单规则。

Q:"为什么要制定下单规则?"

A:"因为从供应商协同的角度来看,供应商最喜欢的客户,是按较为固定的频次和批量下发订单的客户,这样,供应商可以更加方便地安排生产和运力,而不是一阵子加班加点,一阵子没活干。

另一方面,下单规则也与物料的库存管理和运输成本有关。如果订购数量过多,有可能造成库存呆滞;如果订购数量过少,运输又不经济。"

所以,下单规则是否最优,是每一家企业都要认真检讨的事情。解决问题的方法仍然是按物料分类,再针对每一种物料制定下单规则,见表6-5。

表 6-5　不同物料的下单规则示例

物料分类		设计思路	下单规则
	关键物料	多批次小批量	参考一个标准交期需求量和经济配送量以较小者为准，不超库容，不超交期
	瓶颈物料	少批次大批量	参考一个标准交期需求量和经济配送量，以较大者为准，不超库容、不超交期
	杠杆物料	多批次小批量	参考一个标准交期需求量和经济配送量，以较小者为准、不超库容、不超交期
	常规物料	少批次小批量	参考一个标准交期需求量和经济配送量，以较大者为准、不超库容、不超交期

关键物料和杠杆物料由于价值大，从节约企业的库存资金，控制呆滞风险的角度考虑，应遵循多批次小批量的原则，参考一个标准交期需求量和经济配送量的较小者制定下单数量，该下单数量不应超过库容，耗用时长不应超过物料有效期；瓶颈物料和常规物料由于价值小，从保障供应安全，稳定供应链的角度考虑，应遵循多批次小批量的原则，参考参考一个标准交期需求量和经济配送量的较大者制定下单数量，该下单数量不应超过库容，耗用时长不应超过物料有效期。

4. 备料模式

在介绍完下单规则之后，笔者再来介绍大家关心的备料模式问题。备料模式依然从物料分类的角度管理，见表 6-6。

表 6-6　不同物料分类的备料模式示例

物料分类		备料模式优先级	备　　注
	关键物料	供应商备安全库存 客户供应商共同备安全库存 客户备安全库存	根据企业发展阶段和供应市场中的力量依次选择备料模式
	瓶颈物料	客户备安全库存	
	杠杆物料	不备安全库存	
	常规物料	不备安全库存	

关键物料由于具有供应风险高的属性,需要进行备料。备料的优先级是供应商备料,如果供应商不同意则考虑企业与供应商共同备料,如果供应商拒不接受则只能考虑由客户备料。备料的优先级往往由企业的发展阶段和在供应市场中的力量决定;瓶颈物料由于具有供应风险大的属性且供应商强势,只能由客户自行备料;杠杆物料和常规物料由于具有供应风险低的属性,可以不备料。

5. 供应预警机制

只有规则,没有监督,在执行时一定会出问题,因此,采购部门要对与供应商达成的各项约定进行检查和预警。前文提到过战略性计划采购,是指采购部门通过预判行情进行超买的行为或市场供应行情趋紧前的抢料行为。关于市场供应行情的来源,虽然一些行业分析报告会起到指导作用,但是最可靠的信息来源是供应商,因此,企业需要制定供应预警管理机制(对供应风险检查和预警)和战略预警管理机制(从供应商处探知商情),示例见表6-7。

表6-7　不同物料的供应预警管理机制和战略预警管理机制示例

物料分类		供应预警		战略预警
🔑	关键物料	■ 月度供应商库存检查 ■ 月度供应商产能检查 ■ 月度供应商备料检查	■ 叫料反馈 ■ 预发货计划反馈(按需) ■ 发货反馈(按需)	周度供应商战略沟通
⚗	瓶颈物料	■ 预测反馈 ■ 订单反馈	■ 在途周反馈(按需) ■ 入库反馈	月度供应商战略沟通
🕹	杠杆物料	□ 季度供应商库存检查 □ 季度供应商产能检查 □ 季度供应商备料检查		周度供应商战略沟通
⚙	常规物料	□ 订单反馈 □ 入库反馈		月度供应商战略沟通

其中,鉴于关键物料和瓶颈物料的供应风险较大,故要求按月检查供应商的库存(前提是双方签署了安全库存协议)、产能和备料情况,且要求供应商对采购预测、采购订单、叫料、预发货计划、发货和在途的情况及时反馈,要求库管员对入库情况及时反馈;杠杆物料和常规物料由于供应风险较小,按季度检查且要求供应商对订单反馈,要求库管员对入库反馈即可。

Q:"关于表中的战略预警,为何关键物料和杠杆物料按周做战略沟通,而瓶颈物料和常规物料按月做战略沟通呢？"

A："这是因为瓶颈物料和常规物料的价值较小，价格波动对产品成本的影响较小，不被视为战略物料的管控重点，在实际应用中，要看物料本身的价格波动周期。如果价格很稳定，也可以将战略沟通频次改为季度和年度。请灵活运用。"

最后提醒，在使用采购计划管理五步法的过程中，请记得定期根据需求市场和供应市场的变化，重新对物料分类，重新审视不同物料的订单模式、下单规则和备料模式，再根据物料供应情况适当增减供应预警和战略预警的手段和频次。要知道，一个落地的采购计划管理方法，一定是严谨的方法论与丰富的实践相结合的产物，要既能让企业适应供应市场的波动，又能在企业间推广复制，才能彻底改变很多企业依靠人治或一刀切的落后管理模式。

第三节　采购交期管理——一场聪明人的游戏

什么是采购交期？

有人说这是采购员从下单买料到物料到达的时间。

这样理解对吗？

不对！

因为这是采购周期而不是采购交期。

到这里，相信有的读者已经懵了：难道采购周期与采购交期不是一回事吗？

好了，笔者不卖关子了，接下来给大家详细介绍采购交期。

采购交期是指采购人员从收到采购需求到物料验收入库的时间，包含以下三个时间段，分别是采购订单准备期，物料交期，入库检验前置期。

采购交期示意图如图 6-6 所示。

1. 采购订单准备期

这是给寻源工程师了解需求、定商定价，给采购执行员创建订单、完成审批并将采购订单下发给供应商的时间，同时还包括供应商了解需求、确认库存和交期、承诺订单的时间，一般需要 3～7 天完成。甲乙双方对采购订单签字盖章之后，即可进入物料交期。

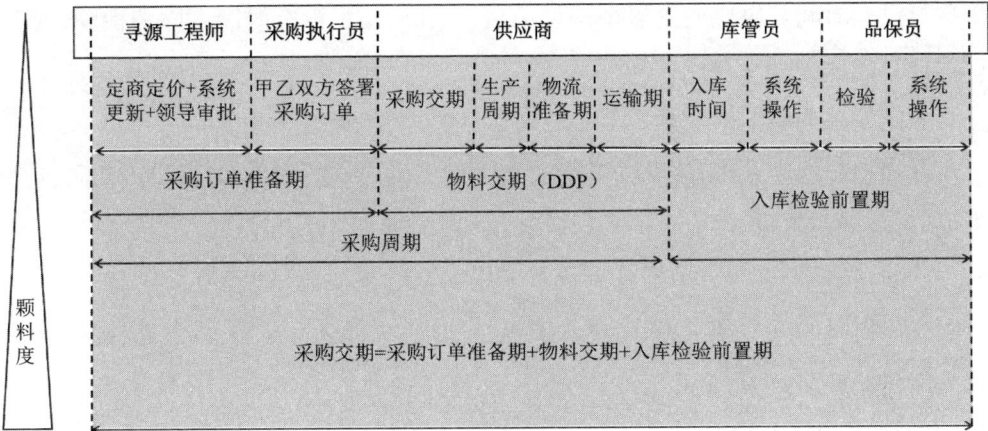

图 6-6　采购交期示意图

2. 物料交期

物料交期包括供应商的采购交期、生产周期、物流准备期和运输期。通常，物料交期会有以下三种情况，需要被区别管理。

(1)往往在有金额较大的专供料且采购订单不稳定的情况下，供应商不愿冒险储备专供料，因此，供应商只有接到采购订单才会买料、生产和运送。在这种情况下，物料交期等于"供应商的物料采购交期"加"生产周期"加"物流准备期"加"运输期"，一般大于 4 周。

(2)在已备料且有产能的情况下，当供应商接到采购订单时，便会安排生产和运送。在这种情况下，物料交期等于"生产周期"加"物流准备期"加"运输期"，一般在 1～4 周。

(3)在有现货库存的情况下，当供应商接到采购订单时，会安排送货。在这种情况下，物料交期等于"物流准备期"加"运输期"，一般在 1 周以内。

3. 入库检验前置期

你会以为入库检验前置期就是"入库时间＋检验时间"吗？

错！

入库检验前置期还包括留样时间、审批时间和释放时间，在一些管理松散的公司,总时长可达一到两周。

可见,当你制定采购计划时,如果只考虑物料交期,而不是采购交期,就会导致采购员没有时间与供应商签署采购订单,仓库和质检也没有时间入库和检验,现实中往往只能依赖高库存掩盖问题。

介绍完采购交期的概念,接下来介绍采购交期的管理方法。

仔细想想你会发现,采购交期的长短决定了供应链的柔性和周转库存量,简单来说,采购交期越短,供应链的反应就会越快,周转库存就会越少。

例如,如果将采购订单准备期从 7 天压缩到 3 天,在处理紧急采购需求时,供应商就能提早四天安排买料、生产和发运,也就意味着会早到货 4 天;同样的,如果将入库检验前置期从 7 天压缩到 3 天,就意味着原料周转库存天数从 7 天缩短为 3 天,库存金额大幅下降。

Q:"用什么方法压缩采购订单准备期呢?"

A:"你要拿着放大镜把采购订单准备期打开,看一看时间都是怎么耗用的。"

例如,有的公司还在采取"一单一议"的原始方式订料,那么,它的采购员就需要 1~3 天定商定价,再用 1~3 天走完内部订单审批流程,再给供应商 1~3 天完成订单评审并签字盖章,合计平均耗时 7 天。

那么,面对这种情况,该如何缩短采购订单准备期呢?

可以采取如下三种方法:

(1)将定价环节从采购订单准备期分离。例如,有的大宗物资可以先下订单事后定价,或者根据主计划提前定价(前提是主计划准确性较高);

(2)梳理各级别人员的权责利,采用按金额授权或框架协议下的订单免审等方法,简化内部采购订单审批流程;

(3)要求供应商在 24 小时内确认采购订单,通过 SRM 系统监控。

通过这套组合拳,采购订单准备期通常可以从平均耗时 7 天降低到 1~3 天。

压缩完采购订单准备期后,我们再来研究如何压缩物料交期,主要的方法是升级订单模式,从由采购订单指导"供应商买料"加"生产"加"运送"升级为由采购预测指导供应商买料和生产,由采购订单指导供应商运送,这样物料交期就可以由供应商买料＋供应商生产＋供应商运送，通常大于30天，压缩为供应商运送，通常3～7天。

当然，如果你的公司在供应市场上有足够的话语权，可以升级供货模式，要求供应商提供VMI服务（寄售往往受限于甲方的库容限制和库存管理能力，难度较大，主要应用在低值易耗品上，故不详细讲解），将物料交期缩短为24小时。

如果物料的体积较大，需要进行零库存管理，可以要求供应商提供JIT服务，如每4个小时补货一次。

可见，随着订单模式和供货模式的不断升级，采购订单从大于30天，到采购预测＋订单5～7天、VMI 24小时、JIT 4小时，物料交期可以被大幅压缩，前提是你的公司在供应市场上有足够的话语权。

介绍完压缩物料交期的方法，接下来我们一起研究如何压缩入库和检验的前置期。

（1）入库。用送货预约系统合理管控供应商送货时段，用射频识别（radio frequency identification，RFID）扫码代替人工入账，用机器人替代人工入库，可以有效避免收货积压，每次入库时间可以缩短若干小时。

（2）检验。学习汽车行业，实施产品质量先期策划（APQP）和生产件批准程序（PPAP），在供应商端解决质量问题，来料免检，这样可以将己方的检验时长从1～3天缩短为零。

读到这里，不知你是否有一种大开眼界的感觉，发现在系统的管理之后，物料的采购交期可以大大缩短。

但是，对于很多需求管理不善的企业，由于销售订单频繁地增加和取消，即使把采购交期压缩到最低，采购部门依然难逃到处救火、疲于奔命的局面，这个时候应该怎么办呢？

你要意识到，是需求指导供应，而不是供应指导需求，也就是说，如果你的公司在需求端管理得毫无章法，在供应端管理得再精益也没有多大作用。在这种情况下，你把采购交期管理到"天"就意味着只要销售订单一变，排产一动，物料数量或交货日期就要跟着变，这简直就是自找麻烦，倒不如把采购交期的颗粒度从"天"变为"周"，也就是说，你不需要供应商必须在某一天把料送到，而是在提前一周的任何一天送到都行，提前一天预约送货即可。同样的，对于采购交期中的物料交期和入库检验前置期，你不需要精确到天，而是到周。例如，物料交期一律按 7 天、14 天、21 天、28 天依次管理（如果物料交期实际是 5 天，就多给 2 天，按 7 天管理），入库检验前置期统一为 7 天（实际可能 5 天就够），通过这种简化的管理，你会发现物料齐套反而变得容易了，物料计划员或采购执行员也不用每天紧张兮兮地担心物料不按时到达导致停产。虽然周转库存会增加，但是考虑带来的管理便利性和计划确定性，这种对采购交期的管理方法，或许才适合大多数需求波动较大的企业。

可见，采购交期管理不是简单的模仿别人，更不是钻牛角尖，而是一场属于聪明人的游戏，只有充分自知者，才能找到最适合自己的采购交期管理方法。

第四节　该如何订料

曾在汽车零部件行业工作六年半的笔者，从未想过该如何向供应商订料的问题，因为相对于其他行业，汽车行业的供应链管理较为成熟，体现为越是知名车企，计划越准确，包括产品生命周期、年度需求量、周度需求峰值等信息，可以直接拿来有效地指导供应商提前规划产能、准备供应。例如，某汽车零部件企业，根据客户提供的采购预测和采购订单，要求大多数国内供应商一周一送货，大多数国外供应商两周一送货。这个过程就像切黄瓜片，切片的频率（意指下单的频次）可以恒定，切片的厚度（意指下单的数量）要根据食客的食量控制；如果黄瓜片切多了（意指库存多了），食客一时吃不下，就暂停，等到食客快要吃完时再继续切；等到食客快要吃饱时，把黄瓜片的数量控制好，避免浪费（意指避免出现呆滞料）。这就是以往最简单的订料模式，在需求和价格都比较稳定的情况下，在满足经济批量的前提下，采用多批次小批量订料的方法，一旦需求过剩便立即刹车，从而有效地控制原料库存。

但是近几年，随着笔者辅导越来越多的行业（如消费电子、化工、动力电池、非标设备等），笔者发现汽车行业的订料模式过于简单，并不完全适用于其他行业。

例如,对于消费电子行业来说,产品在上市时需求容易井喷,在销售的过程中需求剧烈波动,退市时间却又不可预知(可能因为某一竞品的突然出现导致产品立即被逐出市场)。在这种情况下,如何在保障快速上量的同时降低呆滞风险,避免把需求剧烈波动的风险转嫁给供应商,是很多公司面临的难题。而对于化工行业来说,由于危化品的生产、仓储和运送都严格受到法规控制,而且部分危化品的保质期较短,导致部分危化品的价格和供应都不稳定,在订料时,采购部门不能像汽车零部件那样简单的考虑时间和数量,还要考虑价格和供应行情,甚至要考虑重大会议和社会事件(例如2015年的天津大爆炸事件导致当时绝大多数化工企业停工检查)。因此,订料早已不是一件设定好规则再按部就班下发订单的事,而是一件收集上下游行情,了解法规信息,预判可能发生的问题,提前采取行动的事。

既然订料问题如此复杂,那么有什么指导我们科学订料的办法呢?

想要科学订料,我们要把握一个核心思想就是"协同",即如何将销售、计划、采购和供应商绑在一起,形成一个相对平衡的供应链管理机制,而不是各方为了保护自己的利益而相互博弈,造成局部利益最大化(如销售把需求波动无条件地转嫁给供应商),整体利益最小化(如供应链效率低下,供应商不愿配合),得不偿失。

而协同的关键,用两个字概括,就是"平衡"。

先说销售端,销售员不能一味地向供应链增单和要货,而要为自己提交的销售计划负责,从而平衡好供需关系。例如,如果销售部门不把需求通过销售计划报上来,采购部门就不会提前买料,生产部门也不会排产,客户就拿不到货;而如果销售部门报的销售数量太多,在计划时段内卖不出去,就要遭到处罚,产生的物料呆滞费用也要计入销售部门的成本中心。这样销售部门才能重视计划,在报销售数字之前仔细斟酌。有人可能会问:"如果这么搞,销售部少卖一点不就没事了吗?"在现实中这是不可能的,因为销售部的上面有个管理销售目标的领导,他会推动销售部努力多卖,一旦目标达成还会分发额外的绩效奖金。所以在多重绩效指标考核之下,销售人员就会认真与客户沟通需求并向客户说明不提前计划可能拿不到货,无形中达到需求与供应的平衡,而不是一味地代表客户碾压供应链。

说完销售端再说计划端,为了平衡企业的利益和供应商的利益,计划部门需要对整个计划管控机制设定规则。例如，如果制造一个产品，从投料到产出需要 3 天时间，那么排产计划中前三天的计划一定要锁定，因为一旦变动，会造成生产停止并切换产品，导致原材料的呆滞和资源的损失；同样的，如果某家供应商制造一个部件需要 5 天时间，那么采购订单一旦下发之后，在临近发货的 5 到 7 天内不得取消或减少数量，否则企业极有可能需要赔偿供应商的损失，尤其是在专料专供的情况下（供应商无法转卖物料），问题尤为严重。因此，计划部门在考虑排产计划和采购计划时，要规定锁定期，原则上锁定期内的销售需求不能变动。有些对需求端控制能力强的公司，在锁定期之外，还会规定某个时间段内销售需求变动不得大于百分之多少，以便给生产排产和供应商的排产与发货留有足够的反应时间，这也是可取的（虽然这不适合在客户面前话语权不强的企业）。

说完计划端，再说采购端。在有了销售端的配合和计划端的管控之后，采购部门可以根据物料交期将物料分为长周期（一般是指大于 90 天的物料）、中周期（从 8 天到 90 天）和短周期（从 1 天到 7 天），并规定不同的订料模式。

对于长周期物料，典型的场景是需求较少且专料专用。供应商因担心呆滞不敢备专料的安全库存，企业出于同样的担心不愿承担专料的呆滞风险，因此供应商只能在接到订单后才买料、生产和运送，导致整个物料交期长于 90 天，有的甚至长达 180 天以上。在这种情况下，采购部一方面需要主动储备一些物料库存，库存的多少取决于物料的价值和体积，但总体来说不宜多备，因为专料非常容易呆滞；另一方面采购部需要增加预测的展望期。如果物料需求计划的展望期只有 90 天，那么对于物料交期大于 90 天的物料，采购部要根据年度销售目标和历史销量来综合测算，并按时给供应商下发新的采购订单，指导供应商的买料和生产。

对于中周期物料，典型的场景是物料的生产周期较长或运送周期较长（如进口）。出于节约资金和规避风险等原因，供应商不愿按预测准备成品库存，而是接到采购订单后再生产和运送。对于中周期物料，采购部要按照计划的管控要求，按时下发预测（指导供应商买料）、订单（指导供应商生产）并严守锁定期以及订单数量变动的规则；同时定期（如每周一次）主动询问供应商的产能、库存、排产和发运计划，要求供应商一旦不能按计划执行就要预警。这样采购部就能掌控供应情况，并与供应商高度协同。

对于短周期物料，采购部按照锁定期下发订单即可。假如你的公司规定排产的锁定期是一周，那么采购部每周下发一次订单即可，因为变动的可能性小。

在采购订单下发之后，采购部要根据生产部的领料计划，扣除物料入库和检验的天数，物料的运送天数和供应商约车的天数，提前向供应商下达发货指令，发货的频次和数量可以参考经济运输量、经济生产批量对应的物料数量和己方的库容情况来决定。供应商在安排发运后，应该将预发货计划（含计划发运的时间、品名、数量和规格）通过邮件发给采购；采购员在计划发运的当天下午或者第二天上午给供应商打电话，确认货物是否按计划发出，并要求供应商提供运输公司的提货单作为凭证；之后采购要定期检查（以周或月为单位）物料按时足量的入库情况，以便计算供应商的交付绩效，并定期与关键供应商召开沟通会，就发现的交付问题要求供应商提交整改报告，并督促供应商通过技改、按采购预测备货、在甲方周边建厂建仓等方式不断缩短物料交期。只有这样才能不断增加物料供应的稳定性和柔性。

就这样，从计划、执行、检查到改善，采购部只有将订料这件事做成管理闭环，才能不断发现供应问题，提升供应水平，向世界先进水平看齐。当然，能做到这一切的前提是计划部对于供需矛盾的平衡能力，以及企业对供应商负责任的意愿。

第五节　该如何"刹车"

在采购计划管理中，如果我们想要把物料管好，除了要知道如何订料，还要知道如何"刹车"。

"刹车"隐喻了应对需求快速下降时，采购部门快速与供应商协同降低库存的机制，以便后续更加容易地推迟或取消采购订单，避免发生客户取消订单而采购只能把物料拉进自家仓库的尴尬局面。

在研究世界五百强企业的供应链管理实践时，我们很难找到所谓的"刹车"机制,因为大多数跨国企业愿意为供应商的库存负责。例如,某跨国企业会与供应商签署采购预测管理协议,要求供应商按采购预测备料,按采购订单生产,按交货计划送料。如果需求减少,导致供应商的原料和成品库存呆滞 90 天以上,企业会无条件地将供应商的成品库存拉进自家仓库并承担供应商的原料费,因此,在这样的保障下,双方不需要"刹车"机制。

但问题是,在我国,很多行业的龙头企业不注重供应商关系,不愿承担供应商的库存,往往在有多家供应商可选的情况下,对供应商进行赤裸裸的剥削压榨,因此,在这样的环境下,作为供应商,需要有个"刹车"机制,一旦客户开始刹车,自己就能尽早通知二级供应商一起刹车,降低供应链条上因客户突然减单造成的呆滞库存。

怎么做到呢?

方法并不唯一,笔者谨提供一种方法供大家参考。

请大家想一想,在整个采购计划管控体系中,哪个环节可以最早感知需求减少呢?

一定是在物料需求计划更新时,采购员拿最新版物料需求计划与上一版做对比,就会发现哪些物料减得厉害。

如果物料需求计划更新的频次较低,例如一个月更新一次,采购员又根据物料需求计划订料,那么,等到采购员在下个月发现某些物料的需求量大幅减少,再与供应商协同踩"刹车"就会来不及。

因此,如果你的公司有这个问题,首先要提高物料需求计划更新的频次,例如,按周更新,这样才有机会与供应商在需求下降的早期进行协同。

Q:"将物料的需求计划更新频次从月改到周,公司会付出很大的代价,员工会很辛苦,怎么办呢?"

A:"请你想一想,'踩刹车'的目的是什么?是避免库存金额过大、仓库爆仓,对吗? 换句话说,对于采购金额较小,体积不大的物料,刹不刹车对整体结果影响不大,因此,我们重点关注的物料,应该是二八原则下占采购额 80%,占物料数量 20%,以及大体积的物料,而不是所有物料。可见,无论是通过手工计算,还是

MRP计算,你只需要提高小部分物料需求计划的更新频次即可。"

在介绍了物料需求计划更新频次的重要性之后,接下来我们需要思考,当发现某个采购金额大或体积大的物料需求量急减时,应该如何与供应商协同?

以周度更新物料需求计划为例,我们应该关注供应商的原料库存、排产计划、成品库存和发运计划并进行适当管控,要求供应商按照企业提供的采购预测倒推,不提早备料、排产、储备成品库存和发运,尤其针对专用料,一定要同频管理,而不是因为采购订单下得早,就允许供应商过早备料。只有这样,才能保证在需求急减时,供应商来得及调整自己的计划,不容易产生过多的库存,为下一步的推迟或取消订单降低难度。

这就是既兼顾供应商的利益,又符合国情的"刹车"机制,本质上是企业在采购计划端与供应商进行早协同和强管控。

如果你所在的企业也有"刹车"不及时的痛点,不妨一试。

你问我答

一物多供模式下,如何使用 X 法分配逆向订单

学员问:"姜老师,我们公司为了确保供应稳定,对物料采取1+N策略,是指每一个物料都要有一家主要供应商和几家次要供应商,一旦供应短缺,我们可以立即从多家供应商拉料。但问题是,在需求减少时,不知道按照什么规则减少哪家供应商的订单,总是需要领导拍板。"

笔者答:"这是一道数学应用题,但现实中的场景很复杂,因为你们公司与每家供应商的关系以及违约条款都不同,即使是同一家供应商,在不同时间与不同对接人商谈也会产生不同结果。结局就是谁配合,优先减少谁的订单。"

学员说:"确实很复杂,但也不完全是谁配合优先减少谁的订单。其实很少有愿意配合的供应商。"

我心想:你们不愿为订单负责,时间久了,可不是很少有愿意配合的供应商了吗?

学员接着说："而且在物料市场上出现超低价的时候，我们宁可支付违约金，也要推掉订单，然后以更低的价格从市场买料。"

笔者答："我知道你们的逻辑了。在不考虑供应商关系，只考虑财务收益的前提下，我给你设计一个分配逆向订单的计算方法。"

综合一物多供的场景和财务收益最大原则，我第二天就设计了如下计算方法：

（1）当需求减少时，由采购员收集基本信息，包括物料、供应商、订单数量、订单单价、合同违约条款和新需求量；

（2）通过与供应商谈判确认订单违约金；

（3）将订单违约金摊销到单位物料上，计算 $X_1 = (P_1 - C_1/O_1)$、$X_2 = (P_2 - C_2/O_2)$……$X_n = (P_n - C_n/O_n)$，其中 P 代表单价，C 代表订单违约金，O 代表订单中的物料数量。然后对求得的 X 值排序，从最大值的订单优先取消，若 X 为负值，则按订单购买；

（4）当物料市场上有报价低于某 X 值的供应商，则将某 X 值以上的采购订单全部取消，从价格更低的供应商处买入。

相信以上描述会令很多读者感到费解，下面笔者举例说明。

假设 A 供应商、B 供应商到第 N 家供应商在供应同一物料，之前的订单分配是 $O_1 = 300$（采购下给 A 的购买数量），$O_2 = 200$（采购下给 B 的购买数量），$O_n = 100$（采购下给第 N 家供应商的购买数量），订单单价分别是 $P_1 = 8$，$P_2 = 9$，$P_n = 10$；经过谈判，订单违约金分别是 $C_1 = 0$，$C_2 = 400$，$C_n = 1\,200$，对应的场景是供应商 A 的订单单价最低，还愿意无条件取消订单；供应商 N 的订单单价最高，还不同意取消订单，否则要求甲方支付远高于订单金额的违约金；供应商 B 居中。减少后的需求量为 D 值等于 200，也就是说，该物料的总需求量由之前的 600（$O_1 + O_2 + O_3$）减少到现在的 200，原则上需要取消 400。但是，如果你仔细研究表 6-8，会发现实际的取消数量是 300＋200＝500，这是因为市场上出现了超低价，由供应商 F 按单价 6 供应。

表 6-8　X 法分配逆向订单示例

供应商	订单数量	订单单价	订单违约金	单位物料 X 值	新需求量	推单砍单数量	最终决策
A	$O_1=300$	$P_1=8$	$C_1=0$	$X_1=8$		$R_1=300$	①排序第一
B	$O_2=200$	$P_2=9$	$C_2=400$	$X_2=7$	$D=200$	$R_2=200$	②排序第二
N	$O_n=100$	$P_n=10$	$C_n=1\ 200$	$X_n=-2$		$R_n=0$	③按订单买进
F	$O_4=0$	$P_4=6$	$C_4=0$	$X_n=6$		$R_n=100$	☆替代 B

根据这个情况,结合逆向订单分配原则,我们首先计算并比较 X 值 ($X=P-C/O$),就是剔除单位物料违约金后的单位财务收益。X 值越大,意味着一旦取消订单成功,对财务资金的节约越大,因此,我们需要先减少供应商 A 的订单,因为它的 X 值等于 8,最大,这也就解释了为什么越配合的供应商,越被优先砍单的道理。在减少供应商 B 的订单的时候,由于我们发现市场上有供应商 F 的 X 值等于 6,小于 B 的 X 值等于 7,也就是说把 B 的订单全都减掉,再从 F 买入,会省钱,因此,尽管从需求的角度看,B 只需要减少数量 100,但是采购员宁可给 B 支付违约金,把 200 全部减掉,再从 F 购买 100,以便实现成本节降。至于供应商 N,由于违约成本大于订单金额,X 值为负,故不减单。

如果仔细想一想,你会发现现实中的操作未必与理论一致。例如,在企业资金充足的情况下,而且未来一段时间内,物料的需求还会增加,涉及支付违约金的订单,很多企业会选择按订单买进。因此,X 法只是一个帮助企业在一物多供场景下分配逆向订单的计算方法,在作出决策之前,企业还应考虑未来需求和供应商关系等因素,切忌生搬硬套。

第六节　与供应商协同的重要性

在一些企业访谈中,笔者发现当开发采购骄傲地说自己谈的价格是多么低时,执行采购却颇有微词,原因是过低的价格容易打击供应商与采购计划协同的积极性,导致在物料供应端产生看不见的成本。

什么是看不见的成本?

看不见的成本有以下三种情况：

1. 开发采购与供应商谈价格时，往往是基于整车量或大包装定价，当需求量不大时，一次购入的物料数量就会相对过多，浪费库存资金和库容。

2. 物流希望供应商按照统一的托盘尺寸打包发货，但是供应商不愿配合，提出增加费用又被开发采购以控制成本为由否决，最后受罪的就是物流部门和生产部门。物流部门需要费时费力卸货和搬运不标准的包装，生产部门取料和上料都很麻烦，而这些成本很难通过任何报表体现出来。

3. 有的开发采购员由于权力很大，不受供应商质量工程师的制约，一味追求最低价，会在供应商质量不稳定的情况下购入物料，一旦检验发现问题，就要求让步接收，虽然"如因原料的质量问题，供应商需要赔偿甲方一切损失"的字样签在合同里，但是一旦发生质量问题，会严重影响排产和交付，执行采购还得处理退料、统计损失，这些又是看不见的成本。

之所以有这些看不见的成本发生，是因为开发采购员没有意识到原料的价格、服务和质量是三角形的平衡关系。如果一味地追求市场最低价，由于无法获得合理的利润，供应商不会配合供应链其他部门和执行采购员提出的协同请求，也不会把质量最好的原料卖给这样的客户，结果就是开发采购员获利、其他部门和执行采购员受损；如果对服务或质量有较高的要求，开发采购员就要给供应商留有合理的利润并建立长期合作关系，只有这样，其他部门和执行采购员所需要的供应商刹车、供应商产能优先级、供应商备料、供应商配合包装、VMI 和 JIT 等协同机制才能落实下去，否则企业最后只能"孤家寡人"到连预测都不知道应该发给哪家供应商，更别提防范供应风险，优化供应链了。

可以说，采购计划管理的主要任务是建立合理的规则，再与供应商协同，前提是开发采购员要维护好供应商关系，建立长期合作。如果一味地追求市场最低价，会从物料供应端给整个供应链带来更大的波动，增加供应链管理的复杂度，影响供应链运营的效率和客户满意度，从而增加供应链管理的成本。孰重孰轻，还请仔细斟酌。

小明的故事

天波公司的采购计划优化

虽然在担任天波公司的采购部经理时,小明曾经优化采购计划,但是由于很快得到升迁,小明还没来得及把工作做得很细致。刚好现在卓越供应链管理转型项目看到了这里,小明便决心与接替他的新任采购部经理小李一道把采购计划好好管一管。

具体来说,想要管好采购计划,需要做好以下九件事情:

(1)物料分类与交期分析。检讨物料编码规则是否正确,是否存在一物多码、一码多物、有物无码等常见问题;物料的管理规定是否执行到位;物料的分类是否科学;重点关注长交期物料占比并分析原因,寻找优化空间。

(2)供货模式优化。根据现状,从 PO、BPO、VMI 到 JIT,制定优化路线,实施 VMI 管理,提升 JIT 比例,有效降低库存,提升齐套率。

(3)预测模式优化。之前天波公司在采购预测层面,采取一刀切的方法下发预测,即所有物料的预测展望期都一样,无法有效指导供应商针对长交期物料备料。新的做法是,针对不同交期的物料,从预测的取值、展望期、更新频率和颗粒度区分管理;识别关键二级供应商及二级物料,提升与不同层级供应商的协同程度和可视化程度。

(4)备料模式优化。受到很多不确定因素的影响,有一些物料从杠杆型(市场供应充足)变成了瓶颈型(供不应求)。针对瓶颈物料,采购部明确了战略库存备料启动时点,制定合理的备料规则,实施动态备料管理策略,以有效规避缺料风险,提升资金利用率。

(5)SRM 的协同与优化。通过 SRM 系统实现与供应商的订单、预测、发货、收货、发票、付款的承诺与协同。

(6)呆滞料管理优化。界定呆滞物料的责任人和管理目标,制定呆滞料再利用评估流程,有效降低呆滞料的产生并加快呆滞料的处理速度。

（7）绩效指标优化。采购计划管理也需要以"聚焦节点、逐级考核"为原则，从预测、订单、交付等环节制定量化指标并与供应商的奖惩机制挂钩，使采购计划具备持续优化的能力。

（8）齐套率优化。以上订料、预测、备料等模式的优化，最终体现在齐套率的提升上；对于其他原因造成的不齐套，如质量问题、交期过长、供应商缺料等，要进行专题研究，专项解决。

（9）供应交付预警。之前采购计划的管理方式是下发订单、收货和请款，这样缺乏与供应商的深度协同，一旦在收货的时候才发现供应商供应不及时或数量不足，对排产和交付都会产生影响，所以现在采购部会要求供应商更早预警，例如供应商的原料到货不及时、产能不足的时候。

那么，有哪些事情需要小明和小李一起来详细设计呢？

1. 物料编码

关于物料编码，财务部要求物料编码要体现成本中心，由于存在多个成本中心，导致多个成本中心共用的物料有多个编码，久而久之在使用中就容易出错，更加糟糕的是，物料编码工作归质检部的一名工程师管理，而不归采购部管理，使得解决问题的难度再次加大。

因此，小明决定找总经理谈一谈自己的想法，希望得到总经理的支持。

"你怎么看待物料编码问题？"在交谈中，总经理率先发问。

"天波公司的物料编码是为财务服务的，而不是为供应链服务的，体现为物料编码中只有流水码＋成本中心码，没有区分大中小类物料。而且只有一名质保工程师兼管，根本没有时间和精力验证物料描述是否正确，久而久之一物多码的问题越来越严重。"小明将自己的看法和盘托出。

"我想听听你的建议。"总经理认为小明言之有理，开始询问解决之法。

"首先修改物料编码规则，将品类分为大类（往往依据财务科目）、中类（往往依据品类层级）和小类（也是依据品类层级），例如从原材料（大类）到半导体（中类）再到芯片（小类），再加上至少6位数字作为次序码，制定物料编码规则。

除了物料编码规则，申请人还要对物料命名并对物料属性进行描述，这样才能识别物料。例如,对于铜板,需要统计型号、厚度、尺寸、含铜量、铜箔类型和单位(张)。物料编码示意如图 6-7 所示。

大类	中类	小类	六位代码	命名	描　　述

图 6-7　物料编码规则示意

之后,将物料编码的主管部门由质检部转移到采购部,在采购部内部组建物料管理组,做到专人专管。

最后,公司需要建立物料管理流程,包括物料申请(当使用部门认为这是一个新物料时),重复性以及规范性检查(此为关键环节,需要检查者熟悉物料并且工作细致,再由申请部门领导和物料管理组组长共同复核),创建物料,维护信息,分配到负责的采购员,发布到信息管理系统,通知申请部门,形成管理闭环。物料编码管理流程如图 6-8 所示。

新物料申请　>　重复性检查　>　创建物料　>　维护信息　>　分配采购员　>　发布到ERP　>　通知申请部门　>　结束

图 6-8　物料编码管理流程

有了这样一套机制,公司存在的一物多码问题才能得到有效解决。"

总经理听完点点头说:"很好,我与质检部协调一下,你通知小李选人组建物料编码管理小组。"

2. 供货管理

供货管理的目的是控制物料按时足额到料,采购员需要根据供应商关系、供应商距离和物料属性选择最佳的供货模式,常见的四种供货模式是 JIT、VMI、BPO 和 PO。

依据此理论,小明和小李发现,随着天波公司业务的迅速扩张,采购部的供应模式仍以传统的 BPO 为主,即签署框架协议之后下发采购订单,从来没有推动过VMI 和 JIT,导致绝大多数物料的交期包含供应商的原材料交期和生产周期,无法满足市场端的紧急需求。

"小李,今年我们就立项实施 VMI 和 JIT。先从杠杆型供应商入手,再向其他类型供应商拓展。对于距离公司较远的供应商,让他们把库存放在与我们同城的第三方物流(third party logistics,3PL)；对于距离较近的供应商且物料的体积较大，让他们按 JIT 供货。对于愿意配合的供应商，在新项目上给予支持；对于不愿配合的供应商，除非能够创造价值，否则需要逐渐淘汰。"这一次，小明下了最大的决心，一定要搞成 VMI 和 JIT。

3. 采购预测

关于采购预测，天波公司存在的问题是，因为预测不准，有些采购员一直纠结于是否给供应商下发预测，往往是供应商主动来要才给，导致供应商备料不及时、协同不到位。

小明知道，采购预测是一个滚动更新物料需求的过程，用来指导供应商的备料、排产和交付。

对于中短交期的物料，采购预测的取数来自物料需求计划。

但是中长期物料如何管理却是难题，因为物料需求计划的展望期不够，执行采购只能依据年度销售目标拆解，非常不准确。在这种情况下，小明想到另一个方法，就是请销售针对用到这些中长期物料的产品单独输出展望期足够长的产品预测，再由物料计划员换算中长期物料的用量，这样虽然也不够准确，但是要比年度销售目标准确。

梳理完针对不同交期采购预测的取数，还得考虑采购预测的频次和颗粒度。据小明和小李商量，采购预测的更新频次在每周一次较为合理。采购预测的颗粒度要"近细远粗"，4 周内的采购预测颗粒度到天，5～8 周的采购预测颗粒度到周，第 3 个月及以后的颗粒度到月，以此指导供应商的备料、排产和交付，长中短期物料采购预测示意图如图 6-9 所示。

按照物料分类，瓶颈物料的采购预测的展望期需要长于 6 个月。其中，6 个月以上的采购预测取数来自年度销售目标或销售人员专门评估的预测模型，3 到 6 个月的采购预测取数来自主计划，5 到 8 周的采购预测取数来自生产计划，前 4 周内每天的采购预测取数来自排产计划，第一周内每天的采购预测是锁定的且已经与供应商达成一致。关键物料的采购预测展望期需要 6 个月，常规物料和杠杆物料的采购预测展望期最多 3 个月，相应时段内的预测频次和颗粒度与瓶颈物料对齐。

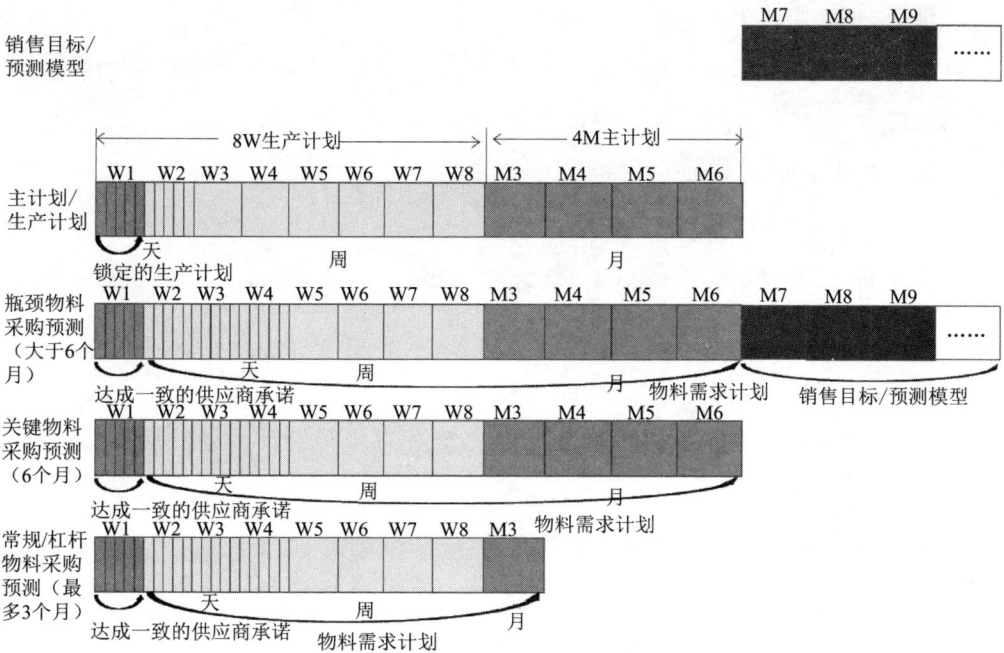

图 6-9　长中短期物料采购预测示意图

就这样，一套完善的采购预测机制搭建完毕。

4. 战略备料

最近小明常常听到小李抱怨，受半导体全球缺货等黑天鹅事件影响，今年开发采购花在追料上的时间额外多。

追料有效吗？

有效！由于开发采购的强势介入，供货问题有所缓解。

这样做经济吗？

不经济！开发采购的工作量在大幅增加，财务却在要求增加人效比。

形成机制了吗？

没有！追料是人治的手段，当员工离职而新人不熟悉情况时，有可能带来灾难性的后果。

看来，追料只是解决了供应的表面问题，是典型的"人海战术"，根本无法提升采购计划的管理水平。

那么，到底应该怎么办呢？

小明与小李琢磨，需要搭建一个系统，形成一种机制，通过模型思维彻底解决追料问题。

怎么解决呢？

建库存！

这个时候，财务第一个跳出来，拿着库存周转率、呆滞占比、库存金额等指标说事。

怎么办？

小明建议，为了适应新的形势，需要将战略库存单独统计，不能混到常规的库存指标中。

想一想，天波公司为什么要建战略库存？

原因有三：

（1）比同行拿到更多的瓶颈物料和关键物料，从而抓住更多商机；

（2）事先屯料，规避瓶颈物料和关键物料因短缺引发的涨价风险，甚至可以在涨价后卖出一部分赚差价；

（3）抵御因供料不足数不及时带来的生产计划和出货计划失效风险。

想到这里，小明和小李觉得解决问题的脉络清晰起来，但是又有一个新问题亟待解决，就是到底备多少库存最合理？

毕竟供应市场也在变化，如果备库太多，不仅占压大量资金，还会承担呆料风险。

此时，小明和小李需要分析库存的影响因子有哪些。

经过分析，他们发现有以下五个影响库存量的因子，分别是：

（1）呆滞风险；

（2）在库金额；

（3）交期长短；

（4）风险等级；

(5)生命周期。

下面逐一解析：

(1)物料呆滞的影响因子。

——定制专料(只用于特殊产品)，相对少备库；

——定制通用料(多种产品通用)，相对多备库；

——标准件(行业通用)，再加大备库量。

(2)在库金额的影响因子。

——外购件的支出占比越大，越少备库。

(3)交期长短的影响因子。

——交期越长，越多备库。

(4)风险等级的影响因子。

——预测满足率越低，越多备库。

(5)生命周期的影响因子。

——越接近退市，越少备库。

接下来小明和小李要搭建模型来建立外购件的备库机制，分为以下五个步骤：

步骤一，确定责任人，统计物料的单价、交期、起订量、通用性、预测用量等基本信息；与研发确认物料的变更计划；对物料进行分类，重点关注瓶颈物料和关键物料。

步骤二，分析供应市场，分析的渠道有网络、新闻、公众号、行业报告、供应商的财报等，对供求关系与行情趋势进行趋紧或趋松的初步判断。

步骤三，如果行情趋紧，参照如下矩阵确定供应模式并建立库存，如图6-10所示。

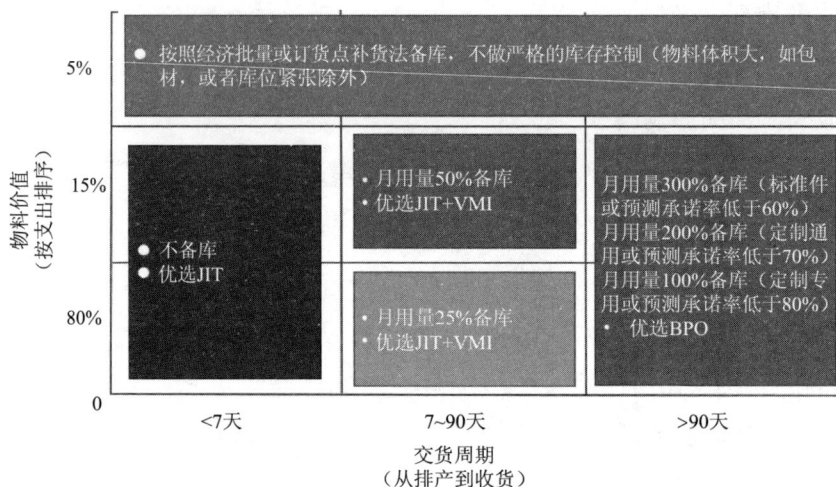

图 6-10　供应策略参考模型

如果行情趋松，适当削减库存或者将该物料从备料清单中剔除。

步骤四，每月调查一次供应市场，检查一次物料替代计划，召开战略备库会议，确定审批人，更新备库清单，定时监控。

月度战略备库会议使用的战略库存追踪表见表 6-9。

步骤五，最后，对于短缺严重实在无法备齐的物料，采购人员要在第一时间向生产计划员和前端销售人员通告，以便尽早调整销售重心和生产安排，避免出现销售一边接单、生产一边缺料的尴尬。

在实施这套战略备料管理机制之后，虽然小李每月增加了一次会议，但是采购部战略备料更有章法了，不像之前仅凭人员的经验和能力备料，大大降低了缺料的风险，为保障供应做出了重要贡献。

5. 呆滞管理

随着采购计划中存在的主要管理问题，如物料编码、供货管理、预测管理、战略备料被新的业务机制一一解决，一个并不明显但是长期困扰采购部的问题凸显出来，就是对于呆滞物料的管理。

何谓呆滞物料？

表 6-9　月度战略备库会议的战略库存追踪表

基本信息					战略库存启动信息				
料号	物料名称	供应商名称	到货基地	物料有效期（月）	战略备料启动时间	战略周期（月）	最小月度采购量（kg）	战略物料采购量（kg）	战略库存总金额（百万元）

战略库存预测信息																	
战略库存量开始释放时间	战略库存量（kg）	过去三个月耗用（kg）			未来一年需求（kg）												
		(m−3)月	(m−2)月	(m−1)月	(m+1)月	(m+2)月	(m+3)月	(m+4)月	(m+5)月	(m+6)月	(m+7)月	(m+8)月	(m+9)月	(m+10)月	(m+11)月	(m+12)月

战略库存收益与风险信息				战略库存执行信息			
战略周期内耗用与需求偏差（%）	是否有超效期风险/呆滞风险	累计财务收益（百万元）	是否有战略周期误判风险	战略周期结束未执行完库存量（kg）	战略周期结束未执行完库存原因	战略周期结束未执行完订单量（kg）	战略周期结束未执行完订单原因

注：m＝month 月。

天波公司的财务部给呆滞物料（含成品、半成品和原料）下了这样的定义，区分"呆"与"滞"。

"呆"是指用不上的物料，通常是由于设计变更或产品退市引发的；"滞"是指在库超过规定的天数，如90天以上的物料。很显然，呆滞物料意味着资金、场地、管理等资源的占用，公司需要定期统计并定期清理。

想要解决好呆滞物料问题，小明需要从源头抓起，找到物料呆滞的原因，总结为以下十条：

（1）预测偏差，预测做高，实际销量却没那么多，但已经生产出来；

（2）产品退市，产品有退市计划，但是没有将信息提早传递给供应链；

（3）设计变更，某个原料必须被替换，特别是专用料，容易产生呆滞；

（4）质量问题，产品质量不达标，需要等待时机处理；

（5）包装破损，运输过程中包装破损，货物退回仓库待处理；

（6）物流运输，海运滞港，导致货物在途时间过长；

（7）经济批量，如客户只要3吨，但生产经济批量是10吨；

（8）订单取消，产品已生产，但客户取消订单；

（9）最小包装量或最小订货量，需求很少导致供应商的最小包装量或最小订货量耗用不完；

（10）战略库存，误判行情超买导致呆滞。

在了解物料呆滞的原因之后，小明需要确定呆滞物料的责任人。

如何确定呢？

要遵循"谁受益、谁受损、谁有关、谁上游、谁下游"的次序界定责任人。例如，当客户临时取消订单时，唯一的受益方是销售，因为销售满足了客户的要求，因此，销售应该对这类呆滞金额负责，这类呆滞的处理费应该从销售的成本中心扣除，避免出现销售获奖，供应链受罚的荒唐局面。

对于呆滞物料的处理，小明制定了一套规则，而不是完全依靠人的经验来决策。

这套规则依次包含七个处理方法，分别是：

（1）转售后件；

（2）增加需求；

（3）新品复用；

（4）降配使用；

（5）改制；

（6）退货；

（7）转卖。

如果这七个方法都试用了，有的呆滞物料仍然无法被处理，就只能走报废流程了。

这就是小明和小李为天波公司呆滞料处理建立的新机制。

"处理机制还是次要问题。主要问题是如何预防呆滞产生。这其中，销售需要更好的评估客户信用，管理客户需求；产品经理需要更好的控制新品上市和老品退市的节奏，并提早告知供应链；采购需要与供应商更好的协同，及时消化呆滞物料。虽然很难做到万无一失，但这才是有效管控呆滞库存的手段。"在卓越供应链管理转型的跨部门例会上，小明是这样要求相关部门的。

6. 交付管理

在解决了物料呆滞管理问题之后，小李提出了对供应交付的担忧，认为采购执行员只是检查是否按时收货入库，而没有对供应资源和供应过程进行管控，到发现问题时已经没有时间补救，导致生产不时停线，销售订单无法按时交付，降低了客户的满意度，因此，就如何管控供应资源，如何管控供应过程等问题，采购部应该进行专项研究，这取得了小明的赞同。

于是，小明和小李规定，按照不同的物料分类，采购执行员对于供应商的库存、产能、生产和备料等供应资源要按照不同频次检查；对于订单、叫料、预发货、发货、在途、入库等供应过程要按照不同节点管控。对于供应表现不稳定的物料，他们制定了供应过程预警管控方法，并明确了该方法的启动条件、管控措施和解除条件，形成交付管理闭环，如图 6-11 所示。

图 6-11　交付管理闭环

其中，供应资源的管控方法见表 6-10。

表 6-10 供应资源的管控方法

关键物料	瓶颈物料	杠杆物料	常规物料
月度供应商库存检查 月度供应商产能检查 月度供应商生产检查 月度供应商备料检查	月度供应商产能检查 月度供应商生产检查 月度供应商备料检查	季度供应商产能检查 季度供应商生产检查 季度供应商备料检查	季度供应商产能检查 季度供应商生产检查 季度供应商备料检查

供应资源包括供应商的库存、产能、生产和备料。关键物料和瓶颈物料由于具有供应风险高的属性，供应资源的检查频次要比杠杆物料和常规物料高，在示例中是月度和季度的差别。

供应过程的管控方法如图 6-12 所示。

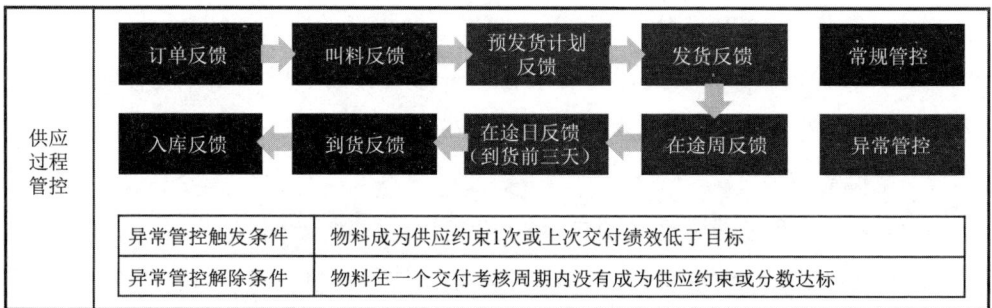

➤ 主要的检查手段：通过互发邮件或打电话确认。

图 6-12 供应过程的管控方法

供应过程包括订单反馈、叫料反馈、到货反馈和入库反馈等主要节点，在对异常情况严加管控的情况下，供应过程还包括预发货计划反馈、发货反馈、在途周反馈和在途日反馈（到货前三天）等节点。由于供应过程的异常管控的节点较多，管控起来费时费力，小明和效力需要设置异常管控的触发条件和解除条件。只有当物料成为供应约束影响齐套或及时交付率考核不达标才会触发异常管控；在下一个交付考核周期内不再成为供应约束且及时交付率达标才会解除异常管控。

对于供应资源的管控，主要的检查手段是到供应商现场检查或要求供应商邮件提交成品库存、产能、排产计划、物料库存等的报表；对于供应过程的监控，主要的检查手段是互发邮件、打电话或在采购数字化管理系统中确认。

此外,小明和小李都认为针对关键物料和瓶颈物料,需要建立供应交付的多级预警机制。

按照供应交付问题的不同严重程度,天波公司将预警分为六级,分别是:

第六级,仓库未按时入库报警;

第五级,供应商未按时到货报警;

第四级,供应商未按时发货报警;

第三级,供应商生产报警;

第二级,供应商备料报警;

第一级,供应商产能报警。

对应的报警依据是交货计划/系统收货记录、交货计划+电话跟踪、交货计划、采购订单/短期采购预测、中期采购预测和中长期采购预测,再指定不同部门和级别的负责人参与管理。天波公司的供应交付多级预警机制,如图 6-13 所示。

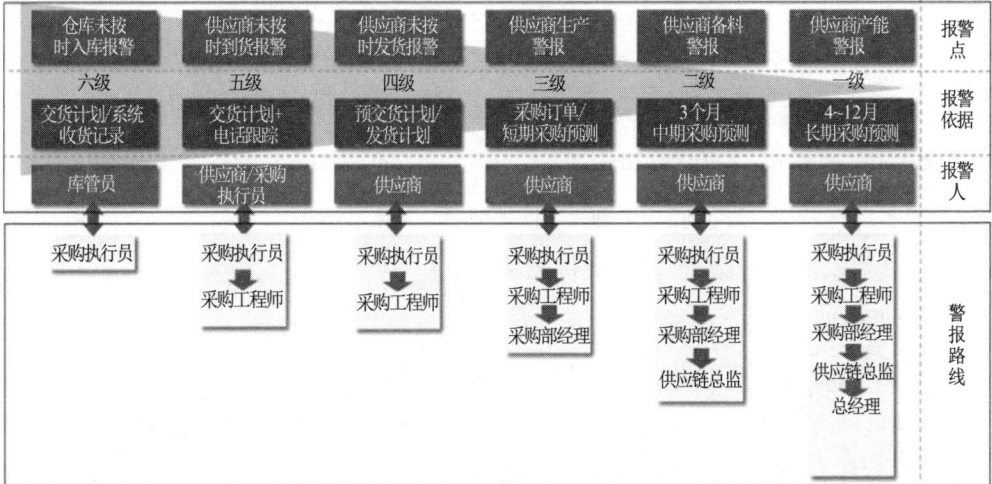

报警点	仓库未按时入库报警	供应商未按时到货报警	供应商未按时发货报警	供应商生产警报	供应商备料警报	供应商产能警报
	六级	五级	四级	三级	二级	一级
报警依据	交货计划/系统收货记录	交货计划+电话跟踪	预交货计划/发货计划	采购订单/短期采购预测	3个月中期采购预测	4~12月长期采购预测
报警人	库管员	供应商/采购执行员	供应商	供应商	供应商	供应商
警报路线	采购执行员	采购执行员→采购工程师	采购执行员→采购工程师	采购执行员→采购工程师→采购部经理	采购执行员→采购工程师→采购部经理→供应链总监	采购执行员→采购工程师→采购部经理→供应链总监→总经理

图 6-13 天波公司的供应交付多级预警机制

对于绝大多数供应商来说,他们都会配合从第五级到第六级的供应预警,即未按时到货或者未按时入库,因为这部分管理可控性强,仓库遇到问题会立即通知采购,再由采购联系供应商协调解决。对于第一、二、三、四级预警,很多供应商也就愿意做到第四级——未按时发货报警,至于供应商的生产、备料和产能情况,有可能对天波公司保密。

因此,在应用这套方法时,天波公司还要参考供应商关系模型,如图 6-14所示。

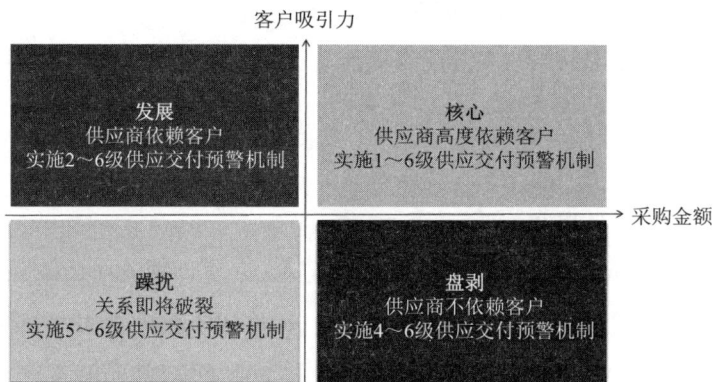

图 6-14 供应商关系模型与多级预警机制

对于有意愿配合但能力不足的供应商,天波公司需要对供应商的员工进行培训,帮助他们在内部建立产能、备料、生产和发货的预警机制,以便提早获知信息。

7. 如何考核供应商的交付水平

在制定多级预警机制时,小明和小李想到,如果再深入一层,就需要对供应商的供应交付水平进行考核,以便奖优惩劣。

如何考核呢?

应该从预测、订单的及时确认和及时交付这两个层面进行考核,会涉及五个指标,分别是周度预测确认及时率、采购订单确认及时率、排期(交货计划)确认及时率、供应商计划到货及时率和供应商承诺到货及时率,这五个指标的定义及计算方法见表 6-11。

表 6-11　对供应商供应交付水平考核的指标

序号	供应商 KPI	计算方法	说明	指标目的	考核频次	统计方法
1	月度采购预测确认及时率	及时确认计划行数/所有已发布的预测计划行总数×100%	客户按计划日历向供应商发布预测计划,供应商 24 小时内确认及时率占比,及时识别供应商的远期供应风险,及时作出计划调整或制定风险应对策略	要求供应商及时回复预测,以获取供商供应能力,及时发现供应风险	月	人工或 SRM
2	PO 确认及时率	及时确认 PO 行数/所有已发布的 PO 总数×100%	客户向供应商发布的 PO 订单,24 小时内确认及时率占比,目的是及时发现物料交付风险		月	人工或 SRM
3	排期确认及时率	及时确认排期行数/所有已发布的排期总行数×100%	客户向供应商发布的排期订单,24 小时内确认及时率占比,目的是及时发现物料交付风险		月	人工或 SRM
4	供应商计划到货及时率	供应商按照需求时间满足的单数/当月供应商所有供货的单数×100%	以 PO/排期要求到货时间与实际到货时间作对比: 1. 按 PO 到货的供应商——准时足量的完成 PO 到货,计为合格 2. 按排期到货的供应商——准时足量的完成排期到货,计为合格	计划到货及时率,体现供应商对于计划的交付能力	月	人工或 SRM
5	供应商承诺到货及时率	供应商按照承诺时间满足的单数/当月供应商所有供货的单数×100%	以供应商承诺的 PO/排期到货时间与实际到货时间作为对比: 1. 按 PO 到货的供应商——准时足量的完成 PO 到货,计为合格 2. 按排期到货的供应商——准时足量的完成排期到货,计为合格	承诺到货及时率,体现供应商对于承诺的交付能力	月	人工或 SRM

有了这些指标,天波公司才能有效指导供应商协同,剔除拖后腿的供应商,优化资源池,从而不断提升供应交付水平。

自此,小明通过勤奋学习和对问题的认真分析,帮助天波公司从需求管理、产销协同、集成计划和采购计划这四个层面,成功搭建了卓越供应链管理框架,通过建立合理的规则和机制,先后解决了需求预测不准确、订单管理粗放、产销不协同、生产计划与排程计划脱节、采购计划管理不完善和供应商协同管理不到位等棘手问题。

但是紧接着,财务又提出一个令小明感到头疼的难题——降库存。

于是小明马不停蹄,又开始了新的课题研究。

第七章　库存管理

对于供应链管理来说，库存是把双刃剑。高库存可以保证供应链顺畅运转，提升客户满意度，但却能够掩盖供应链管理的低效问题，导致企业竞争力不足；低库存可以降低企业的库存资金，暴露很多供应链管理问题，但却容易造成供应链断裂，降低客户满意度。因此，库存到底怎么管，是卓越供应链管理的重要话题。

在向卓越供应链管理转型的过程中，企业往往把库存降低视为转型成功的例证，然而，库存的降低往往与仓库管理部门无关，而与供应链管理的战略选择和集成计划的管理水平强相关。

在本章，笔者将介绍安全库存的计算方法、VMI库存、商情库存和备品备件库存的管理方法、验收与入库的管理方法、虚拟库存的应用、熔断机制的利弊以及降低库存的若干实用方法和模型，有效指导企业科学合理地管理库存。

第一节　原来安全库存需要这么备

安全库存是指企业为应对不可预见的需求波动、供应链延误、生产故障等情况而保留的一定数量的库存。它是为了确保供应链的稳定性和客户满意而设置的一种保险库存。

供应链的安全库存应该怎么备，是令很多供应链管理者头疼的问题。

没有标准答案。如果有，供应链管理者也就不用这么痛苦了。

虽然没有标准答案,但是笔者可以谈一谈设置安全库存的方法、机制和思路,给大家一些启发。

关于安全库存怎么备,供应链管理者首先要问销售与客户达成的协议是什么?

例如,笔者在汽车零部件行业时,公司与整车厂就成品安全库存的数量有明文约定,按照预测需求量备 3 天的成品库存。如果因客户需求取消导致库存呆滞,客户要进行赔偿。基于此约定,公司在内部根据产能和供应的稳定性规定准备七天成品库存,以确保客户要求的三天成品库存能够满足。对于原材料的安全库存,我们自己不备,而是与供应商签署类似的协议,让供应商备 1 到 2 周的安全库存。有的时候,对于供应商的长交期物料,也就是我公司的二级物料,公司会与供应商签署备料协议,由供应商备料,以抵御需求波动,如果呆滞超过 6 个月由公司按约定付款。

可见,安全库存的分类,除了成品安全库存,还有原材料安全库存(半成品安全库存的主要目的是缓冲产能约束,不在本文提及)。安全库存的存放地点,可以在客户的仓库(寄售)、自己公司的仓库(如果距离客户近就能起到 VMI 的作用)和供应商的仓库(物料安全库存)。

既然安全库存有不同分类,我们需要思考,该如何平衡安全库存量和供应风险的关系,以使用最少的资金给供应链带来最大的柔性。

首先,我们要分析成品安全库存的利与弊。成品安全库存的好处是交付周期短,客户在下单后经过一个物流准备周期和一个运送周期就能收到货,适合以产定销或生产周期较长的企业,以便提高客户的满意度;它的坏处是相比于物料安全库存,成品安全库存占压的资金更多,而且有的成品高度客制化,一旦需求不稳定,极易呆滞。可见,成品安全库存的备料原则与市场需求复杂度有关,它的管理指导方法如图 7-1 所示。

其次,我们要分析物料安全库存的利与弊。如果企业在供应市场有一定的话语权,能够通过签署协议要求部分供应商备安全库存,就要使用自己的话语权让供应商备安全库存;如果不是这样,如面对瓶颈供应商,为了保证供应链的稳定性,企业应该主动储备适量的物料安全库存,以便抵御需求和供应的波动。

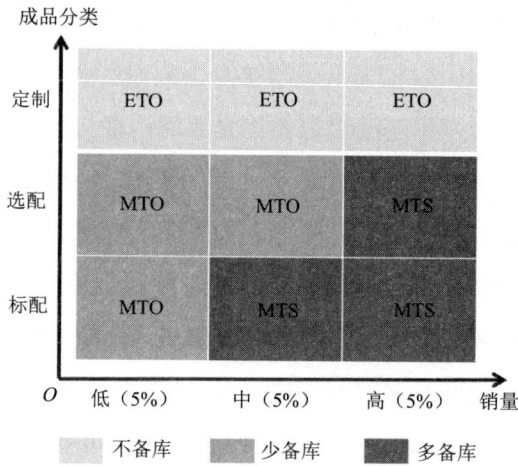

图 7-1　成品安全库存管理指导方法

因此，除非成品安全库存的备货数量与客户达成协议，或者生产周期过长，企业一般都会优先采取储备适量的物料安全库存的方式来降低供应风险并保障生产。

A："企业应该储备多少物料安全库存呢？应该如何计算呢？"

Q："有一个经典的计算公式如图 7-2 所示。

$$SS=Z\times\sqrt{STD(D)^2\times L+STD(L)^2\times D^2}$$

即：

安全库存＝安全库存系数×$\sqrt{需求波动标准差的平方\times采购交期+采购交期标准差的平方\times平均需求的平方}$

图 7-2　安全库存的计算公式

其中，计算公式中的安全库存系数与客户服务水平有关。客户服务水平是指在相同需求波动和采购交期波动下，如果客户要货 100 次，有多少次可以满足客户需求，是个百分比。不同安全库存系数下客户服务水平表见表 7-1，从表中可见，随着客户服务水平的提高，安全库存系数将大幅提高。例如，当客户服务水平从 95％提升至 97％，安全库存系数将从 1.65 提升至 1.88，提升幅度约为 14％，意味着安全库存量提升 14％；当库存服务水平从 97％提升至 99％，安全库存系数将从

1.88 提升至 2.33,提升幅度约为 24%,意味着安全库存量提升 24%;如果将客户服务水平提升从 99% 提升至 100%,安全库存系数将从 2.33 提升至 3.09,提升幅度约为 33%,意味着安全库存量提升 33%。具体如图 7-3 所示。

表 7-1　不同安全库存系数下客户服务水平

客户服务水平(S)	安全库存系数(Z)	客户服务水平(S)	安全库存系数(Z)
100.00%	3.09	96.00%	1.75
99.99%	3.08	95.00%	1.65
99.87%	3.00	90.00%	1.29
99.20%	2.40	85.00%	1.04
99.00%	2.33	84.00%	1.00
98.00%	2.03	80.00%	0.84
97.70%	2.00	75.00%	0.68
97.00%	1.88	—	—

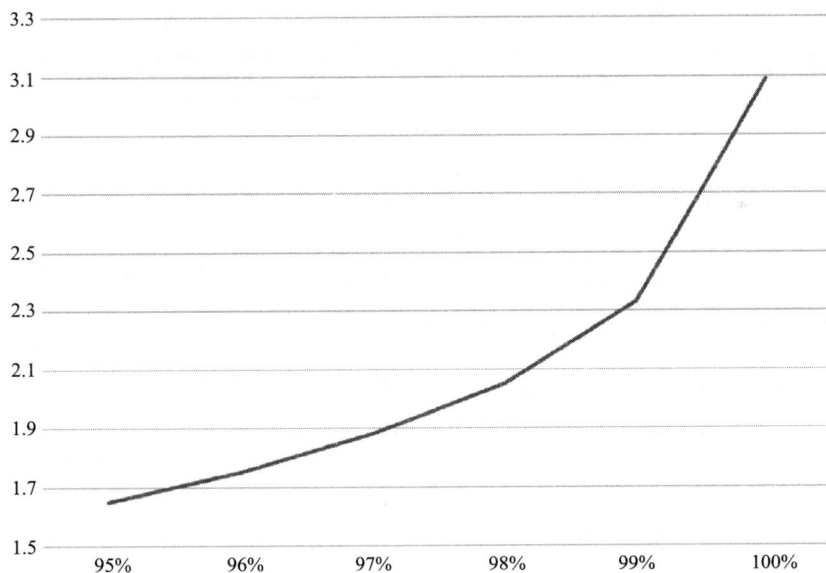

图 7-3　不同客户服务水平下的安全库存系数

为了平衡安全库存量和客户服务水平,很多企业根据客户对交付水平的实际要求在 80%～95%之间取值。"

在使用安全库存计算公式时,企业需要注意两点:一是要取有代表性的历史数据,二是要保证相同的计划时界。

什么意思呢?

是说需求波动和采购交期波动的测算数据都是历史发生的,而且要保证相同的计划时界。例如,如果采购交期是两个月,可以取过去 10～12 个月的每月需求量和每月采购交期值计算需求波动标准差和采购交期标准差,每季度更新一次物料安全库存量;如果采购交期是 2 周,可以取过去 10～12 个周的每周需求量和每周采购交期值做计算,每月更新一次物料安全库存量;如果采购交期是 3 天,可以取过去 10～12 天的每天需求量和每天采购交期值做计算,每周更新一次物料安全库存量,具体见表 7-2。

表 7-2 计划时界、安全库存更新频次与历史数据

计划时界	安全库存更新频次	历史数据
月	季	过去 10～12 个月
周	月	过去 10～12 个周
天	周	过去 10～12 个天

在很多时候,由于采购交期波动很小或不变,可以默认为采购交期标准差为零,公式也就简化为 $SS = Z \times STD(D) \times \sqrt{L}$。

如果历史需求数据难以获取,可以用历史耗用数据近似。

在实际工作中,很多企业并不愿使用这个公式计算物料安全库存量,因为计算结果往往比现有的物料安全库存多,还不如自己凭经验总结的储备 1～2 周或一整车的运输量或一个采购交期的数量,这种方法叫作简易法,是一家企业从长期工作中总结的实用方法,非常值得提倡。

除了计算得出的物料安全库存数量很可能比企业现有的物料安全库存数量多,该计算公式还有一个局限,就是对于需求数量和下单频次不规律的物料,计算出的安全库存数量会更多。

Q："针对需求数量和下单频次都不规律，且难以从历史需求数据总结出规律的物料，企业应该如何准备安全库存呢？"

A："这个时候企业首先要找到衡量需求波动大小的值，以便制定可量化、可复制的方法，这个值就是协方差。协方差等于历史需求数据的标准差除以平均值，即 Excel 中的公式 $STDEV()$ 除以公式 $AVERAGE()$，专门用来衡量需求波动的大小；接着，企业需要界定协方差的值，即大于等于这个值就是需求波动大，小于这个值就可以用 SS 公式计算安全库存。从笔者的实践经验来看，对于需求比较稳定的行业，可以取 0.5 为界；对于需求比较不均衡的行业，可以取 1 为界。"

我们以 1 为例，对于协方差大于等于 1 的物料，应该如何准备安全库存呢？

物料计划员需要组织销售和主计划员开会讨论物料需求不连续的原因。

如果是客户的原因，需要销售人员尽早与客户协同，提供物料需求预测，并根据不同的需求场景决定取消或少备安全库存。例如，如果这个物料属于新品上市，安全库存策略可以适当宽松，少备安全库存；但如果这个物料属于老品退市，应该严格控制物料库存，立即取消安全库存；对于客户的样品订单和特殊需求，要依靠销售人员推动客户尽早下订单或尽早提供预测，依据订单或预测买料，取消安全库存。

如果是主计划的原因，需要主计划员确认是否可以不备安全库存。例如，对于多基地供应的情况，主力基地的物料需求一般都是连续的，但是替补基地的物料需求是零散的，那么，一般情况下笔者认为替补基地可以不备物料的安全库存，遇到紧急需求可以从主力基地调料。

总结一下，对于物料的安全库存，计算方法有三种：

1. 对于协方差较小的物料，采用 SS 算法；

2. 对于协方差较大的物料，根据具体的需求和计划场景取消或少备安全库存；

3. 基于以往经验储备 1～2 周耗用量或一整车的运输量或一个采购交期的数量，叫作简易法。

至于成品安全库存的算法，除了以上介绍的三种计算方法，笔者认为先进的管理方法是库存销售天数法（day sales inventory，DSI），即按销售预测储备未来固定天数的成品库存。例如，某世界 500 强企业规定按未来 14 天的预测需求储备成品安全库存，这个方法的好处是，可以将未来的销售需求与成品安全库存量直接挂钩，做到近乎同频增减，有利于及时控制库存。

最后，关于安全库存的存放地点，原则是供应商＞自己＞客户。能让供应商储备的物料，就由供应商储备；供应商不愿储备的，就由自己来储备；能拒绝客户的寄售要求，就要拒绝。否则将来供应链管理最大的痛点和盲区，就是放在客户那里的库存。

第二节　你要知道的 VMI 都在这里

VMI 是一家公司在某些供应市场拥有一定话语权之后，推动部分供应商主动备库存，并把库存放在距离甲方较近仓库的供应策略，用来解决物料供应中存在的四个主要问题，分别是：

1. 物料交期不稳定、过长；
2. 紧急供应；
3. 库容过小；
4. 零库存管理。

VMI 在汽车行业、半导体行业和消费电子行业的应用较为普遍。

从供应商的角度看，向甲方提供 VMI 服务不是由于供应市场竞争激烈自掏腰包的结果就是把所有费用都摊销到产品上，让客户出钱的策略，取决于甲乙双方的力量对比。

因此，从保护己方利益的角度出发，客户往往要求需求和质量较为稳定、物料交期较长的杠杆型供应商和战略型供应商优先提供 VMI 服务，并对呆滞的 VMI 库存承担责任。

在现实工作中，VMI 管理往往通过三种模式实现，其中的利与弊见表 7-3。

其中，供应商的买料和生产由客户的采购预测驱动，VMI 备货由客户的采购

表 7-3　实现 VMI 管理的三种模式

管理模式编号	供应商VMI库存管理模式	管理细节描述	对客户利弊分析		对供应商利弊分析		应用时机
			利	弊	利	弊	
1	供应商自建/租用仓库	1. 供应商在客户工厂自建/租仓库，自行进行管理 2. 供应商每日发送库存状态信息给客户进行监控	不承担库存管理费用	对库存动态监控力度略弱	供应商自己管理，对仓库管控力度强	如果求量不平均或者求量大时，管理成本高	对供应商的需求量大，且需求稳定（或供应商在该片区业务量大）
2	供应商购买第三方物流管理服务	1. 供应商在客户工厂购买第三方物流服务对 VMI 库存进行管理，按照库存量付费 2. 供应商每日发送库存状态信息给客户进行监控	不承担库存管理费用	1. 送货需要发指令给供应商，供应商再发给第三方物流，效率略低于 1 和 3 模式 2. 对库存动态监控力度弱	利用第三方物流资源共享，按量收费，相对管理成本较合理	对仓库管控力度相对小于模式 1	客户的需求量不稳定，且该片区供应商主要客户为客户
3	供应商委托客户存库代为其进行代为管理	供应商将 VMI 库存委托客户代为其进行管理	1. 对库存监控力度大，数据真实性高 2. 可以提前检测，减小因质量风险带来的业务影响	1. 给客户增加库存压力利库存管理成本 2. 存在物料管理的风险（保存不当，损失或丢失等）	供应商无须增加仓库管理成本	容易产生账实不符纠纷	1. 供应商对成本非常敏感，且客户采购量不大 2. 短期针对高质量风险的物资控制有效

订单驱动,送货由客户的交货计划驱动,如图 7-4 所示。

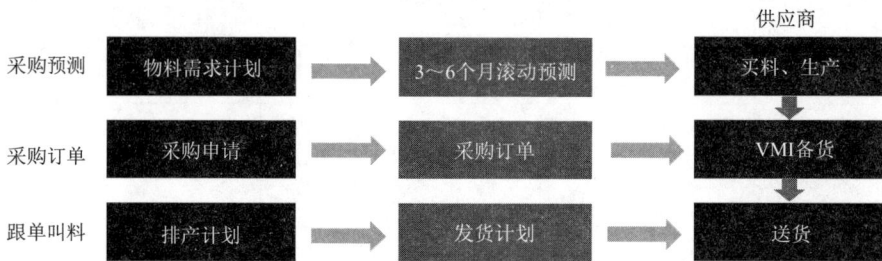

图 7-4　VMI 信息流管理

既然 VMI 管理与库存有关,就要考虑安全库存量和库存绩效。

参考上节介绍的方法,VMI 的安全库存量有两种算法,分别是简易法和 SS 法,其中最常用的方法是简易法,因为它容易操作,源自实践。

关于供应商 VMI 的绩效考核,笔者认为有四个指标比较重要,分别是:

1. VMI 库存报表及时提交率＝及时提交次数/总提交次数×100％;

2. VMI 库存准确率＝[1－ABS(盘点数量－账面数量)/账面数量]×100％;

3. VMI 安全库存保有率＝不少于安全库存天数/总天数×100％;

4. 物料及时交付率＝及时足量交付次数/总交付次数×100％。

VMI 的四个考核指标如图 7-5 所示。

图 7-5　VMI 的四个考核指标

第三节　不要让商情库存成为"伤感情"库存

Q："什么是商情库存？"

A："想要说清楚，要从商情采购讲起。"

商情采购是一种随着物料价格波动而在低点买入的行为，以便通过提前购买的方式规避物料涨价的风险，从而为采购组织创造降本绩效，为企业节约资金，如图 7-6 所示。

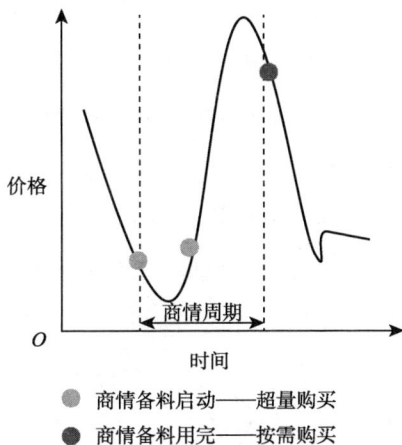

图 7-6　商情购买示意图

　　没有任何一家企业或者个人有能力判断出物料行情最低点，从而在最低点买进，这是不切实际的期待，因此，我们需要根据不同行业的特点找到科学的方法判断商情购买时点，主要有以下三种常用方法值得借鉴：

　　1. 历史经验法。当物料价格已经跌入历史低位且还在走低或从最低点开始上行，但仍在历史价格低位，都是商情购买的时机；

　　2. 成本分析法。基于成本分析，主要供应商生产该物料的利润已经很薄或者亏损，就是商情购买的时机；

　　3. 未来预期法。如果未来有明确的涨价预期，如某年巴西大豆大幅歉收就会明确导致下一个收获季前全球大豆价格持续上涨，就是商情购买的时机。

为了增加判断的正确率，推荐企业同时使用三种方法综合判断。

商情购买的数量来自对商情周期和预测数量的判断，商情周期要长于预判的未来价格最高点（往往基于宏观供需量的变化和主要供应商的扩产计划做预判），这样就能保证在价格上行的时候，企业不需要承担价格上涨的费用；在价格下行的时候，企业按需购买；在价格进入商情购买时点之后，企业再次购买下一个商情库存（商情库存数量＝商情周期×预测数量）。

这样一番操作下来，你会发现企业的年均采购价格会低于物料年均市场价格，也就是跑赢了市场。

这看上去是一件简单的事情，只要能把供应市场的行情预判好，由采购员负责采买商情库存即可，但是在现实工作中，由于缺失协同机制，有时商情库存会伤了物料计划员的感情，实在不应该。

例如，有的开发采购员看到物料价格很低，于是大量买进，之后为了增加降本业绩，通知物料计划员不得耗用，而是等到物料价格有较高涨幅时再耗用，以便向财务邀功，这是一种违规行为，因为他没有遵守先进先出的最基本原则，物料计划员不应该支持，因此，双方出于不同的立场，有可能大打出手，不欢而散。

再例如，针对多工厂购买同一物料的场景，有的开发采购员会把商情库存全部放在库容较大的一间工厂里，这会导致物料在这间工厂里呆滞，在其他工厂却要不断从供应商处购买或者从这间工厂调拨，这也会给物料计划员带来很大的困扰，影响库存呆滞比等 KPI 指标。

那么，商情库存应该如何管理，建立怎么样的协同机制呢？

笔者建议以下三点：

1. 采购人员在购买商情库存之前要邀请计划人员开会，沟通买多少，放在哪和耗用的规则是什么。一方面，对于采购人员邀功的冲动，计划人员要明言阻止或者向内控部门报告；但是另一方面，有些公司会在物料价格低点时大量买进，之后在价格高点大量卖出，是一种投机行为，这就需要采购人员与计划人员定期开会，根据供需情况共同决定商情库存的耗用策略，是锁定库存量不耗用，还是耗用一部分,还是按照先进先出原则直到耗用完毕,通过会议达成共识。

2. 商情库存要单独统计、单独管理,不能和普通物料库存混为一谈。因为购买商情库存的主要目的不是为了耗用,而是为了抵御涨价风险,所以不应受到库存指标的考核,而应考核商情库存对于财务的贡献,且只考核采购人员。

3. 即使是高手,也有误判商情的时候,一旦在高点买进,笔者建议按照先进先出耗用掉,而不要"补仓",因为商情库存不是股票,财务计算成本应该与物料采购价格挂钩,不存在所谓的加权平均采购价格。

总之,采购人员在管理商情库存时,要与计划人员充分沟通、充分协同,平衡库容和物料耗用,达成共识,避免一方面备有大量商情库存,一方面车间缺料,伤了彼此的感情。

第四节　如何降低备品备件的库存

备品备件是指备用的物品和零件,在制造型企业,往往特指所有与设备有关的零件。

很多制造型企业都长期饱受备品备件库存高企的困扰。

企业老板或总经理的困惑是:"为什么今年的产值没有增加,备品备件的库存却增加了一半。"

财务总监的困惑是:"为什么很多备品备件买来之后几年不耗用,占用了宝贵的现金流。"

计划经理的困惑是:"为什么产线会因没有备件频繁停线?"

采购经理的困惑是:"为什么会有这么多备品备件的紧急采购?"

仓管经理的困惑是:"备品备件不是我要买的,为什么要我背备品备件的库存指标?"

可见,备品备件的库存问题较为复杂,与多个部门相关,只有通过群策群力才能得到有效控制,让企业看到库存降低的效果。

为了解决这个顽疾,笔者从实践中总结了六个方法,分别是:

（1）严格治理备品备件的基础数据，定期排查一物多码的问题，避免库里明明有，却要申请购买的浪费发生；

（2）加强设备标准化管理，从源头降低备品备件的复杂度；

（3）定期审视呆滞库存，及时清理；

（4）与备品备件网络商城服务商合作或自建目录化采购平台，缩短采购交期；

（5）要求配合度高的备品备件供应商提供寄售或 VMI 服务，避免企业备库存；

（6）对于供应商不提供寄售或 VMI 服务的备品备件，需要对备品备件分类，合理设置安全库存。笔者仅以标准/专用，有计划/无计划两个维度举例如图 7-7 所示。

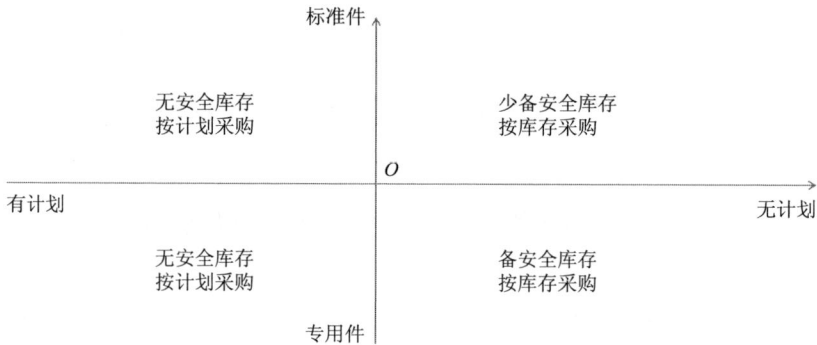

图 7-7　备品备件分类管理模型

其中，标准件是指符合行业标准，通用性高的零件，往往采购交期较短，可获得性较高；专用件是指某个设备专用的零件，往往采购交期较长，可获得性较低。

有计划是指在固定时间耗用固定数量的备品备件，如在维修计划中耗用的维修件；无计划是指未来耗用的时间和数量无法预测的备品备件，如设备的某些关键功能部件。

在计划准确和采购交期稳定的情况下，企业按计划提前采购即可，可以不备相关备品备件的安全库存；在无计划的情况下，为了满足需求，企业需要为相关备品备件设置安全库存，并按事先设定的补货点和补货量采购。

　　安全库存的数量可以根据采购交期的长短、历史耗用量与未来预计耗用量来综合评估。例如,某备品备件的采购交期是 30 天,从历史耗用数据看,在过去一年中,月均耗用 10 件,可以用作未来预计的耗用量,则该企业可以将一个采购交期所对应的预计备品备件耗用量定为安全库存数量,即 10 件。补货点的数量等于安全库存数量的两倍,补货量等于安全库存数量与最小起订量的较大者,这意味着一旦备品备件的数量低于补货点,系统就会立即按补货量提请采购。

　　在实际使用中,读者朋友们应注意两点:一是根据备品备件耗用变动情况,按年度、半年度或季度重新设置安全库存、补货点和补货量;二是针对管理多家工厂的集团企业,所有的备品备件安全库存应由集团统筹管理,以降低库存。

　　最后,只有方法,但是执行不到位,备品备件降低库存的效果一定会大打折扣,因此,企业的管理者一定要将以下十六个字作为指导方针,严肃管理库存,即:

　　(1)有法可依。各相关部门要基于以上六个方法,不断群策群力,发展并完善适合企业特点的备品备件库存管理方法;

　　(2)有法必依。各相关部门必须依照备品备件库存管理方法执行;

　　(3)执法必严。必须不折不扣地执行,要做到备品备件安全库存数量的实时可视化,库存差错率要控制在 1% 以内;

　　(4)违法必究。对于不执行甚至违反备品备件库存管理方法的部门和个人,要视情节进行通报、警告、降级或辞退。

　　只有好的方法加上好的执行,企业的备品备件库存才能逐步降低,达到合理水平。

第五节　如何高效管理物资验收与入库

　　物资验收与入库是库存管理的重要环节,因为它会直接影响库存的准确性。在实际工作中,关于物资验收与入库,很多企业会面临三个常见问题,分别是:

　　(1)什么物资应该验收入库,什么物资不该验收入库?

　　区别于固定资产,很多企业会将低值易耗品做费用处理,如单价在 2 000 元以下且会被快速耗用的物资。这样的物资不需要办理验收和入库，直接由需求部门收货再走费用报销或订单付款即可。值得注意的是，这里特指低值易耗品，如劳保手套，但是对于低值耐耗品，如螺丝刀，很多企业会要求验收入库，出库后再做费用处理。

（2）应该先验收还是应该先入库？

应该先验收还是应该先入库没有本质上的差别，只是叫法不同而已。对于要求先验收再入库的企业，为了追踪到货时间，实际上会按照到货→验收→入库的次序管理；对于先入库再验收的企业，其实是把入库的概念与上句"到货"的概念画等号，把验收的概念与上句"验收→入库"的概念画等号，实际上按照入库（即到货）→验收（即从验收到入库）的次序管理，本质上是一回事。

（3）应该由谁来组织验收？

验收的组织者往往是仓库。笔者建议仓库把验收的事项一分为二：第一部分是由仓管员检查物资的数量、包装和或外观（在不拆包装且外观可视的情况下，初步检查外观是否有擦伤或磕碰），如果发现问题则由仓管员通知质检员（生产物料）或需求部门专人（非生产物料）判断退换货还是让步接收，如果没有发现问题则视品类验收需要决定验收通过还是要做进一步验收；第二部分是按合同约定的质量标准、技术标准或验收标准由仓管员通知质检员（生产物料）或需求部门及其他验收部门人员（非生产物料）做进一步验收，如果发现问题，由质检员（生产物料）或需求部门专人（非生产物料）判断退换货还是让步接收，如果没有发现问题则验收通过，凭验收人员签字的验收确认单完成验收与入库。

验收的管控要点是按品类差异化地安排验收人员，规定验收时效，并对验收结果和验收时效进行记录，以便考核验收人员，确保高效验收。为了达到这个管控目的，仓管员需要维护一张物资验收管理控制表（见表7-4），便于日常监控。

表7-4　物资验收管理控制表模板

验收管理控制表										
序号	物料大类	物料中类	物料小类	物料	料号	来料检查	验收依据	验收组织部门与岗位	验收参与部门与岗位	验收时效

　　该表单的制定规则是：

　　①依据品类验收的依据，按照从大类、中类、小类到物料的次序，依次按需识别验收管理要求。

　　②来料检查为必检项，由仓管员负责检查来料的数量、包装和/或外观（只在外观可视的情况下检查外观是否有明显的擦伤和磕碰）。

　　③验收依据分为两类：

　　— 合同约定的技术协议、质量标准或验收标准；

　　— 无须进一步验收。

　　④验收组织部门与岗位为仓库管理部仓管员。

　　⑤验收参与部门与岗位按两个原则确定：

　　— 公司有明确定义参与验收的部门与岗位，如生产物料由质量管理部的质检员负责测试，完成验收；

　　— 在公司有明确定义参与验收的部门与岗位不足以无法完成验收，或者公司没有明确定义参与验收的部门与岗位，由仓库管理部根据验收要求确定验收参与部门和岗位，通常需求部门需指派专人参与验收。

　　⑥验收时效按品类差异化的验收需求时间制定。

　　综上，只有合理规定验收与入库流程，按品类差异化的管理，才能高效管控物资验收与入库，提升库存的准确率和供应链的效率。

第六节　虚拟库存的应用场景

　　虚拟库存的概念在任何供应链管理的教材中都找不到，它是一个仅存在于国内的概念。在国内的商业场景中，会存在 3～6 个月甚至更长的超长账期，意味着公司的货物已经售出，但是没有计入销售收入。面对这种情况，一些公司会将产品从实际库存转移到一个虚拟库存中，等到卖方实际确认收入时，再从该虚拟库存转出，作为销售处理。

　　除此之外，随着电商和服务业的发展，虚拟库存的应用正在变得越来越广泛，甚至开始为国外公司借鉴。

虚拟库存有以下三种常见应用：

（1）虚拟库存多于实际库存。

在电商领域中，会有虚拟库存多于实际库存的现象。例如，卖家做促销活动时，面向消费者显示的库存数量很高，实际上并没有这么多，这个虚高的库存数量就是虚拟库存，这样做的好处是，卖家可以在短期集中大量销售订单与供应商议价并要货，集中运输，降低成本。再例如，在新冠疫情开始时，N95 口罩脱销，但是很多电商显示有库存，让买家下单后等商家找货源，这样做的好处是商家可以抓住更多商机。

（2）虚拟库存少于实际库存。

在电商领域中，也有虚拟库存少于实际库存的现象。例如，卖家故意显示库存数量不足，让买家产生抢购心理，从而促进买家下单，多卖货物，甚至给涨价找理由。

（3）用来存储虚拟物资。

在服务行业，有的旅游公司会把宣传册、旗子、喇叭之类的实物理解为实际库存；把从合作酒店购买的房间、表演节目的门票等等与服务和时间相关的非实物理解为虚拟库存。

按照库存的功能定义，旅游公司从合作酒店购买的房间等服务，在没有确认使用之前根据合作协议，属于酒店在旅游公司的寄售库存或 VMI 库存。库存在旅游订单确认时或买断使用权时就发生了转移，即从酒店的寄售库存成了旅游公司的产品库存。

随着电商、服务等虚拟经济的发展，虚拟库存正在成为应用越来越广泛的缓冲供需冲突的手段，值得我们关注和学习。

你问我答

不容忽视的库容规划问题

在一场卓越供应链管理咨询中，客户问："姜老师，我们库容不够，需求又不稳定,请问,如何通过卓越供应链管理解决库容问题?"

笔者答:"VMI。"

客户说:"姜老师,你有所不知。我们公司的采购规模从供应商的角度来看不大,如果实施 VMI 管理,公司付出的成本会远大于收益。有没有一种库位预警系统,帮助我们错开不同物料的入库时间,降低对库容的要求?"

笔者答:"即使有库位预警系统,也不能解决库容不够的问题。请你仔细想一想,你们公司的库容为什么会不够? 你们会计算库容吗? 由哪个部门负责管理库容呢?"

客户惭愧地说:"就是因为没有负责部门,我们也不会计算库容,导致总经理(决策者)不知道多少库容合适,也不知道现在的库容到底够不够用,所以迟迟不下决心扩充库容。"

听到这里,笔者笑着说:"库容不难计算,只要区分好仓库的分类即可。

最简单来说,仓库分为两类,分别是专储仓库和共储仓库。

专储仓库是指只能储存一种专用料的仓库,例如存放化学液体的储罐,就是专储仓库。对于专储仓库,要考虑最大库容,最大库容等于(安全库存量+一次到货量)/库容比(库容比是从库存量转化为库容的固定参数,一般由仓库管理部门提供);共储仓库是指可以储存多种物料的仓库,就是我们最常见的仓库,它的库容要求不需要考虑最大库容,而是平均库容。

$$平均库容 = \sum(不同物料的安全库存量 + 一次到货量/2)/库容比$$

客户听完高兴地说:"太好了,我们赶紧算一算现在的库容是否合理,希望可以说服老板扩容。"

笔者提醒说:"库容的计算不是用来比较现在,而是为未来做规划,一般是每半年或一年计算一次。例如,当贵公司的年度销售目标制定出来之后,供应链需要计算库容能否支撑年度销量。如果不够,应该如何扩充,外租还是自建,如何获得资源,宗旨是在库容不够之前解决问题,从而降低卓越供应链管理的复杂度,而不是头疼医头,让供应链管理围着库容问题团团转。

将来贵公司如果在供应市场或需求市场有足够的话语权,可以要求供应商实施 VMI 管理或者给予排产计划 1～2 周的锁定期,这样可以大幅降低库存和库容要求,但是在那之前,一定不要让库容成为供应链管理的约束。"

亲爱的读者朋友们,如果你的公司也有库容问题,一定是因为你的公司忽视了库容规划,请参考本文介绍的方法提前计算和规划,防患于未然。

第七节　熔断机制的利与弊

在卓越供应链管理辅导中,在计划与库存管理方面,客户提到最多的问题是:"一旦大客户突然减量,我该通过什么机制'刹车'?"

对于物料,前文已经介绍过刹车机制,但是对于成品,有时却难以定夺,因为现实工作场景是,一方面客户的订单在大幅缩减,另一方面销售人员还在催着供应链生产。从完成销售目标和提升客户满意度的角度考虑,销售人员会认为客户不是砍掉订单,而是把订单推后,因为担心等到客户临时要货时交不出来,销售会希望供应链把货做出来。而供应链却面临着很大的库存压力,如果对于这种情况不予控制,下个月的库存报表将很难看,到时财务和总经理就会兴师问罪:"这个供应链管理总监还能不能干了"。

为了解决这个矛盾,有的企业在设计库存管理机制时会加入熔断机制。

Q:"何谓熔断机制?"

A:"顾名思义,熔断机制是指当某个成品的库存超过某一警戒线时,不管还有多少销售订单未完成,供应链要立即停止该成品的排产,直到销售把该成品卖出一部分,让库存降到合理水平,再解除熔断,恢复生产。"

从字面理解,熔断机制很有道理,值得学习和推广,但是在现实工作中,熔断机制有它的问题,表现为以下三点:

1. 熔断的警戒线怎么定? 想要使用熔断机制的企业往往对于库存有着极为严苛的要求,那么,这个熔断警戒线应该怎么定? 定多少? 定得低了财务人员高兴,但是销售人员要跟供应链拼命;定得高了销售人员没意见,财务人员天天找事。而且随着企业总体销量的波动,熔断的警戒线也应该同频波动,应该怎么调整? 这些都是不清不楚的问题；

2. 不适用于所有行业。例如对于某些消费品行业来说，因为有季节性的需求波动，在高峰期产能跟不上，供应链需要削峰填谷，先囤货再卖货，这个时候熔断机制往往不适用；

3. 不适用于特殊情况。有的时候，在某一区域或某一大客户因为某种原因，下发一张超大订单，供应链就应该排产保供，而不是使用熔断机制。

出于以上原因，笔者看到很多试行过熔断机制的企业，最后都因为熔断机制的不适用性不了了之。供应链管理的复杂性就在这里，很难找出一个机制或规则解决所有问题，更多是基于机制或规则的跨部门沟通与协同，只有通过沟通才能理解场景，才能找到最佳的协同方案。

情景再现

减肥式降库存，三招搞定

小丽是某快消品行业的计划员，与众多爱岗敬业的年轻人一样，她每天早来晚走，兢兢业业地守护着供应计划，生怕出一丁点差错，给企业造成不必要的损失。

但是，销售人员并不在乎工厂里的库存，为了保住可能出现的商机，不停地增加预测，日子临近时又频繁削减，导致工厂的库存天数、呆滞库存占比和库存金额都远高于行业标杆水平。

工厂从来不会同情弱者！

年终因为超额完成销售任务，销售人员获得集体嘉奖并享有出国旅游的福利，而计划部却因为库存超标惨遭罚款。

年轻的小丽实在气不过，向着自己的主管愤愤不平地说："凭什么？"

"凭什么？"笔者把话接过来，"就凭你没有真正地管理库存！"

"库存是销售人员瞎预测造成的，跟我有什么关系？"小丽自然不会接受我的说法。

"你有监控销售人员的预测准确率吗？你有提醒销售人员通过打折促销等手

段及时清理呆滞库存吗？你有建立机制让不听话的销售人员拿不到货吗？

统统没有！

你只是在心里默念着库存高企与你无关,不愿做摇铃人,这个板子自然要拍在你身上！

试问,你真的会降库存吗？"

听了我的话,小丽的情绪逐渐平复,心理有一些变化,开始思考问题之所在。

"其实,降库存并不难,它的道理跟减肥一样。"我缓和语气,微笑着说。

"减肥？好像是这么一回事啊。"小丽开始跟上我的思路。

"降库存就是把库存取消吗？

肯定不是！

库存是果,而非因。

库存与销售、计划、生产、采购、物流等众多环节强相关,哪个环节没管好,都会产生库存。

这就如同减肥,吃减肥药只能让人一时瘦下来,之后一定会反弹,因为人的生活习惯未变,减肥效果怎么可能持久？"

"对。减肥要靠长期锻炼并养成习惯。"看来,小丽对减肥颇有心得。

"你说得很好,隐喻了降库存的方法,就是建立机制、强力监督并长期落实。就拿销售人员预测不准来说,预测不准就不能管理库存了吗？

请你想一想,在这种情况下应该怎么管理库存呢？"我故意卖个关子,引导小丽。

小丽毕竟有一些工作经验,这个问题难不倒她。

"仔细想一想,确实有办法。

例如,我可以调出每一位销售人员的预测记录,计算每个人的预测准确率,再排序。

对于排名靠前的销售人员,我可以较为信任他们的预测,优先排产;

对于排名靠后的销售人员,我要按照准确率挤压他们预测中的水分,在产能紧张时,不给他们排产;

对于呆滞库存,我可以采取同样的办法,不帮我清呆滞库存的销售人员,在产能紧张时就拿不到货。"

"完全正确。你看,只要你想管理库存,就会找到办法。

你不需要硬塞给销售人员任何 KPI,也不需要找他们的老板投诉,而要让他们来求你,因为你能决定谁拿到货,谁拿不到。

话虽如此,我们不能忘记自己是为终端客户服务的,不能一味搞'窝里横',要以满足客户需要为中心。

其实销售人员担心的只是失去商机,所以习惯性地调高预测,那么,为了帮助销售获得商机,你还能做什么呢?"

我在继续启发这个年轻人。

小丽闭着眼睛思考了一会,接着睁开双眼,认真地对我说:"这也是我一直顾虑的问题。

如果不想失去商机,就要加大安全库存管理的力度,需要至少每周评估供应风险、产能风险、库存量和销售预测的关系,及时调整安全库存量,同时对于已经供不上量的外购件,可以预付现款以便及时建立外购件的战略库存,保证供应链的持续性;等到供应危机过后,再取消外购件的战略库存并削减成品的安全库存,就能做到'多一分浪费,少一分不对'。"

"你说得有道理,这就如同一个人在减肥的过程中要天天过秤,了解自己的体重是否最优,如果过重或者过轻就要及时采取措施,尽快将自己调整到最佳状态。

但是,直到现在,你的一切想法仍然无法落地,你知道为什么吗?"我依然在卖关子。

"我没有设立目标。"小丽很聪明,已经意识到了问题。"这也就意味着,当我过秤时,无法判断我的体重是否合理,所有的机制也就无法启动。

可是,我需要设立哪些目标呢?"显然,小丽已经到达库存管理认知的极限。

"你需要建立一套 KPI,能够反映供应链真实水平的 KPI。

首先要考核销售人员的预测准确率。只要预测准确率提升了,库存就能下降。

其次,对于供应商的交付表现,要考核按计划到货及时率。只要供应计划越来越准,库存就会越来越少。

最后,关于库存管理本身的三大指标——库存天数、呆滞库存占比和库存金额,你要了解行业标杆的情况并不断接近甚至超越。

到那时,你的公司将成为业界降库存的新标杆。

要记住,管理降库存KPI的诀窍就是——聚焦节点、逐级考核!就像人在做减肥运动时,心、脑、手都要动起来才行。"

"原来降库存有这么多学问,我得好好实践一下。"小丽眼中泛着光芒,是成长的希望之光。

"你之前做的计划可以被销售随意加单/减单,搞出一堆呆滞库存,热销品却又做不出那么多,导致计划做了也白做,相当于没有计划。

现在好了,通过我教授的三招:

1 按销售的历史预测准确率分配产能;

2 按销售预测与供应风险设立安全库存和战略库存;

3 建立正确的KPI,并与行业标杆对标。

你将通过不断优化的库存绩效指标,不断提升计划部在公司的地位。

加油!"

小明的故事

天波公司的降低库存五步分析法

既然财务总监点名要求小明降库存,小明就要结合天波公司的具体业务情况制定切实可行的降库存策略。

首先小明必须搞清楚,要降什么库存。

有两种库存可以降。

一种叫安全库存,是为了缓冲需求、计划、生产和物料供应波动的主动式备库,目的是增加客户满意度,为企业赢得更多商机。

另一种叫呆滞库存,是因预想之外的波动产生的被动式库存,如客户突然取消订单、设计变更、物流没有及时提货、设备突然出现故障、原材料不齐套等等,造成浪费,增加成本。

显而易见,针对这两种库存,天波公司需要采取不同的策略。

对于安全库存,天波公司需要计算合理的库存水位和存放地点,过多会产生浪费,过少会丧失商机;而对于呆滞库存,要从需求、计划、物流等维度对它进行持续削减。

了解道理之后,小明需要在更深的层次了解库存高企的主要成因。

(1)在需求端,销售计划不准确与客户订单频繁变动是确定安全库存水位的主要因素;

(2)在物流端,不时出现的运力不足以及运输时间增长问题,都会导致库存呆滞;

(3)在物料供应端,物料不齐套、生产大于或小于计划、生产节拍不稳定都会导致安全库存增加或出现呆滞物料;

(4)还有一些其他因素也会导致库存出现,如产销协同决策机制失调、无法预测未来的库存量、小批量多品种、安全库存设定过于保守、系统刷新太慢都会造成库存不准或者库存过高的问题。

综合起来,造成库存高企的原因如图 7-8 所示。

图 7-8　库存高企的原因

那么问题来了,既然已经知道库存的分类和产生的原因,应该如何降低库存呢?

天波公司需要通过恰当的分析方法找到库存的主要成因，再"稳、准、狠"地把库存降下来。

在冥思苦想之后，小明总结了用来降低库存的五步分析法，分别是：

（1）对成因分级分类；

（2）评估影响和严重性；

（3）评估资源和时间；

（4）排列优先级；

（5）制定改善方案并定期监控。

降低库存的五步分析法如图 7-9 所示。

图 7-9　降低库存的五步分析法

第一步，天波公司需要评估哪些成因对库存的影响大且改善空间大，这就需要对成因进行分级分类，如图 7-10 所示。

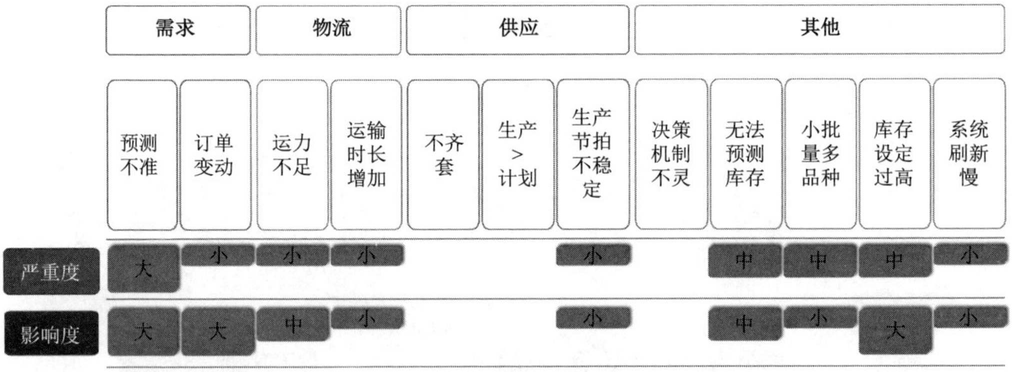

图 7-10　成因分级分类图

其中，严重度是指问题发生的概率或与行业标杆的差距，衡量改善空间的大小；影响度是指对绩效指标的影响，包括商机、库存金额、库龄和呆滞存货占比。

大中小的评估可以套用 ABC 法则。如果没有影响就空着，这是个隐藏维度，后续会讲。

第二步，将影响度放在横轴，严重度放在纵轴，绘制影响度与严重度矩阵，如图 7-11 所示。

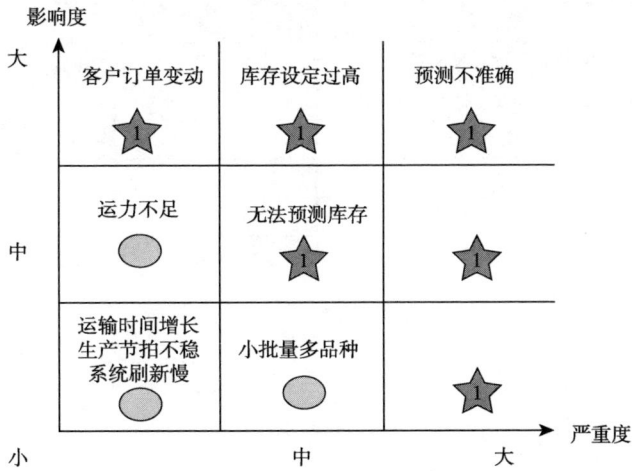

图 7-11 影响度与严重度矩阵

影响度与严重度矩阵输出的结果是贡献度优先级排序，如图 7-12 所示。

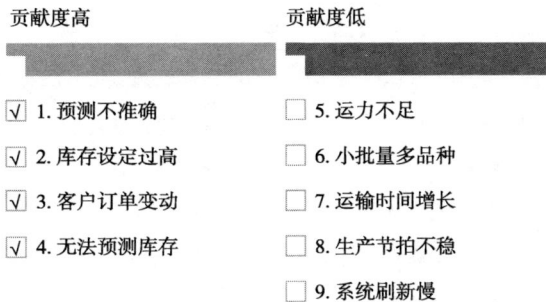

图 7-12 贡献度优先级排序

第三步，评估降低库存需要投入的资源和时间。这意味着，除了评估降低库存贡献度的大小，天波公司还要评估解决问题的复杂程度。

因此，天波公司需要考虑问题的改善方向、难易度与实施时长，如图 7-13
所示。

根因	改善方向	难易度	实施时长	复杂度
预测不准确	制定KPI，责任到人			▼ 低
库存设定过高	实施多订单、高频次、小批量的循环到货计划			▼ 低
客户订单变动				▲ 高
无法预测库存	使用先进的库存预测系统			▲ 高
运力不足	跨BU（business units，业务单元）整合			▼ 低
小批量多品种	IPD标准化			▲ 高
运输时间增长				▲ 高
生产节拍不稳	精益生产、学习曲线			▼ 低
系统刷新慢	优化系统			▼ 低

图 7-13　天波公司库存问题评估

其中，难易度的大小可以从投资的额度、能力的要求等维度评估；实施时长可
以划分为 3 个月内解决（短）、4～12 个月解决（中）、12 个月以上解决（长）。

这里还有一个隐藏的维度，就是难度过大解决不了，本书后续会提及。

参考影响度与严重度矩阵图的逻辑，按复杂度排序输出的结果如图 7-14
所示。

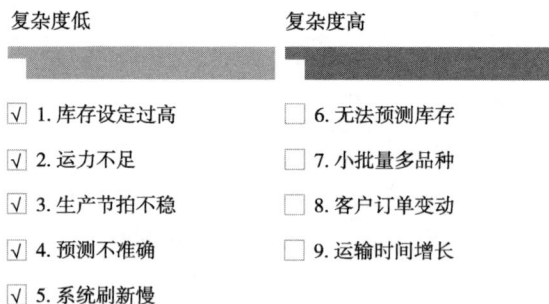

复杂度低　　　　　　　复杂度高

√ 1. 库存设定过高　　□ 6. 无法预测库存
√ 2. 运力不足　　　　□ 7. 小批量多品种
√ 3. 生产节拍不稳　　□ 8. 客户订单变动
√ 4. 预测不准确　　　□ 9. 运输时间增长
√ 5. 系统刷新慢

图 7-14　天波公司库存问题复杂度排序

第四步，将贡献度放在纵轴，复杂度放在横轴，生成降库存策略矩阵，如
图 7-15 所示。

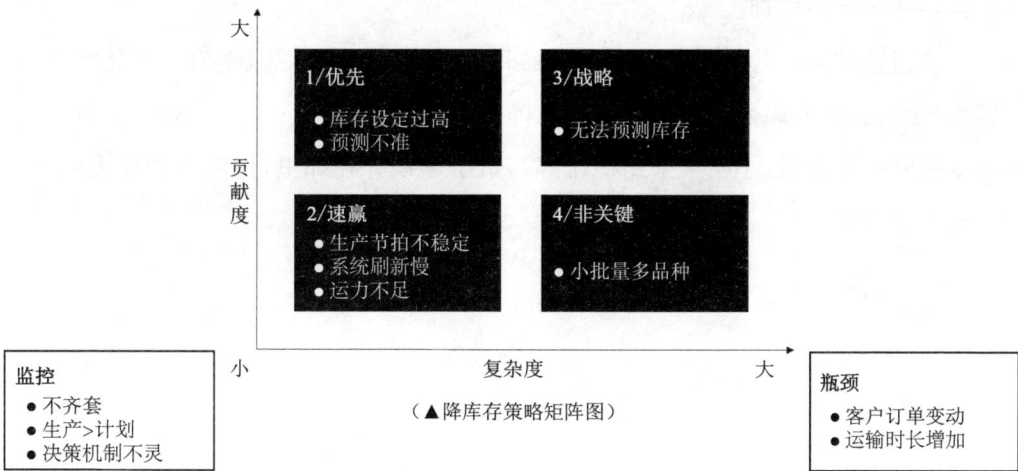

（▲降库存策略矩阵图）

图 7-15　天波公司降库存策略矩阵

其中，天波公司将不同的降库存机会分为优先、速赢、战略和非关键这四个象限。

毫无疑问，优先是指容易达成且成绩较大的降库存机会，当然要优先去做；速赢是指虽然成绩较小，但是可以快速完成的降库存机会，放在第二位去做；对于需要较大投资且长期努力但是能够获得较大成绩的机会，视为战略机会，在具备条件后去做；至于投入大、周期长、产出低的降库存机会，可以最后去做或者放弃。

除了这四个矩阵，对于那些没有出现问题的机会，即影响程度为零的机会，虽然它们现在没有造成库存问题，但是将来在供需情况发生很大变化的情况下也有可能出问题，因此，天波公司需要设定相应的绩效指标，用来监控这些机会，以便及早采取措施。

对于那些没有解决办法的问题，天波公司只能放弃，可以归类为瓶颈。

至此，天波公司完成了对降库存机会的分级分类分析。

第五步，天波公司需要从绩效指标、责任人、投资费用、完成时间等维度对库存成因逐一制定改善方案并定期监控（改善方案并不孤立，而是与需求管理、产销协同、集成计划、采购计划、物流计划等都相关）。

另外，对于已经产生的呆滞库存，天波公司要尽快识别并通过打折促销、再利用或报废等手段处理。

通过这套方法，天波公司的库存得到全面的分析和降低。作为新上任的供应链管理总监，小明赢得了财务总监的认可。

在降低库存后，小明又来到物流部与员工座谈。在那里，他将遇到什么问题，如何解决的呢？

第八章　物流管理

物流管理是供应链管理的最后一环,管理内容主要包括仓网规划、运力管理、运输管理和关务管理。对于电商互联网行业来说,物流管理的效率和成本是企业的核心竞争力,因此如何优化仓网、如何规划运力、如何与匹配的承运商合作、如何通过自动化仓库和数字化系统提升效率是管理重点。但是对于大多数制造型企业来说,企业的核心竞争力往往来自销售、研发和生产,在运力充足的情况下,他们对物流管理的重视程度严重不足。

在实际工作中,由于受到前端的销售、生产、物料供应、检验、出入库等波动影响,物流管理往往容易成为供应链管理不善的牺牲品。解决问题的方法往往不是在物流端解决,而是通过集成计划,提前输出中长期的运力计划,以便物流管理部门提前规划仓网、布局运力;再提前一至三天向物流管理部门提供能够锁定的发运计划,方便物流部统筹安排运力。当然,也有很多公司直接把物流管理外包出去,以便专精于核心业务,也是非常可取的。

在本章,笔者将介绍规划仓网的方法、常见的运输方式和计费方法、第一方到第四方物流、实施循环取货(milk run)的优点和准备工作,还将通过小明的故事讲述物流外包的方法和逆向物流管理的方法。至于关务管理,由于与各国海关政策强相关,在本章不做介绍。

物流管理在卓越供应链管理框架中的位置如图 8-1 所示。

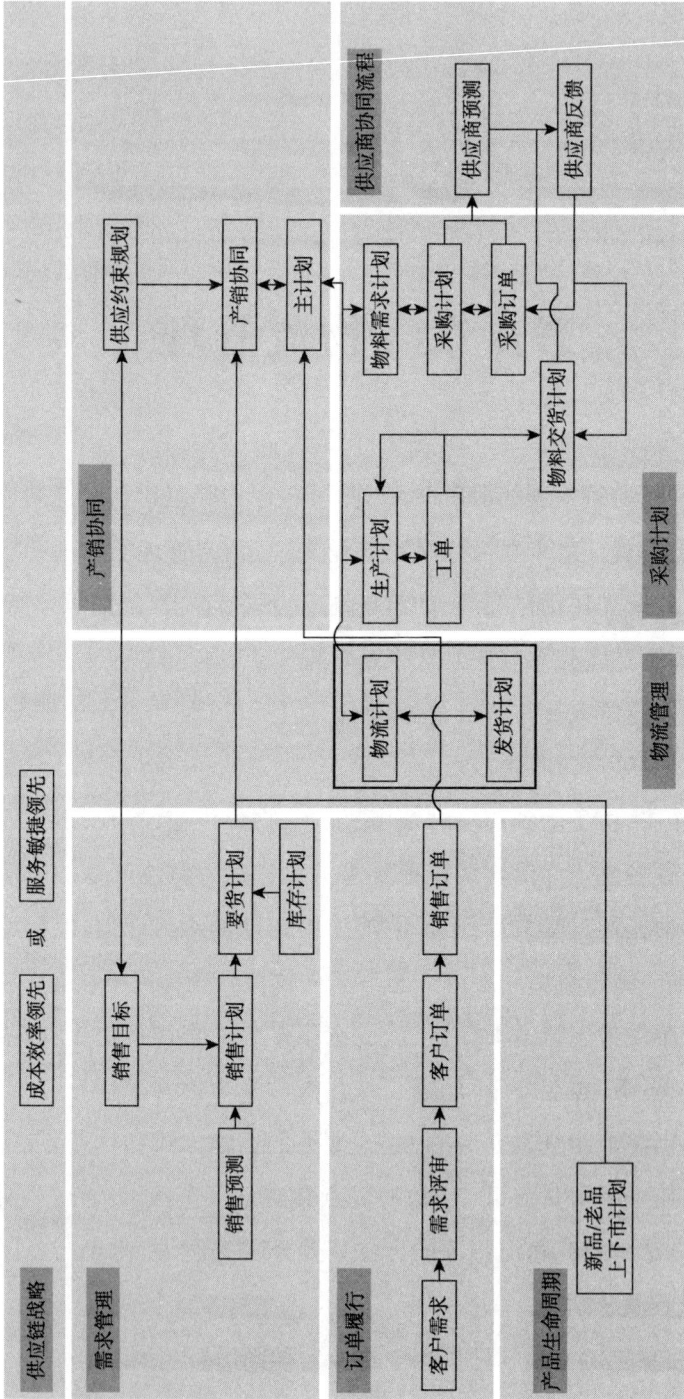

图8-1 卓越供应链管理框架图之物流管理

第一节 如何规划仓网

在一家大型集团公司的物流网络中，往往存在工厂仓库、中心仓库和区域仓库三种仓库，这些仓库与货物最终送达的地点之间形成了由点到线，由线到面的网络结构，俗称仓网结构。一家企业的在发展过程中，随着客户数量及业务场景的增加，其仓网结构也会发生从简单到复杂的变化。如何最优配置仓网，获得运费、运力、距离和时效的最优解，是一个非常专业的话题。

从简单到复杂，笔者将仓网结构分为三种，分别是：

（1）在最简单的情况下，即只有一个仓库和一个送货地点，企业或者利用工厂仓库直发，或者在客户周边设仓（提供 VMI 服务），主要考虑客户要求、设仓成本、货量与仓容的匹配度等因素决策。

（2）在较为复杂的情况下，即只有一个外仓和多个送货地点，企业往往会使用重心法计算最优解。

重心法是一种综合平衡运输距离、时效和运输量，计算最优仓库设置地点的仿真算法，它就像一件物体（隐喻仓网）的重心，作为支点，能将整个物体平稳地抬起，是真正意义上的中心点。

想要理解它的算法，我们要分别了解距离和运输量的算法。

关于距离的算法，设 A、B 两点的坐标分别为 $A(x_1, y_1)$，$B(x_2, y_2)$，则 A、B 两点间的距离计算公式为：

$$|AB| = \sqrt{(x_1-x_2)^2 + (y_1-y_2)^2}$$

运输量是影响运输费用的主要因素，从原理上讲，仓库应尽可能接近运量需求较大的地点，使得较大的运输量走较短的路程。

重心法可以通过模拟计算的方式，将仓网中的发货地和收货地视为分布在某一平面范围内的不同节点，各点的需求量和库存量可以被视为物体的重量，由各个节点所构成的网络系统的重心被视为仓网的最佳设置点，利用求系统重心的方法来确定仓库的最优位置。

它的计算方法如下：

首先要在坐标系中标识各个地点的位置，即地图上的经度和纬度，用于确定各点的距离。然后，根据各点在坐标系中的横纵坐标值求出运输成本最低的位置坐标 x 和 y，如图 8-2 所示。

$$C_x = \frac{\sum D_{ix} V_i}{\sum V_i}$$

$$C_y = \frac{\sum D_{iy} V_i}{\sum V_i}$$

图 8-2　仓网重心坐标的计算公式

C_x——重心的 x 坐标；

C_y——重心的 y 坐标；

D_{ix}——第 i 个地点的 x 坐标；

D_{iy}——第 i 个地点的 y 坐标；

V_i——第 i 个地点的运入量或从第 i 个地点的运出量。

可使用 Excel 公式计算，得到的结果就是设立仓库的地点。

(3)在最为复杂的情况下，即多个仓库和多个地点的情况下，此种场景的复杂度和计算量已经超出 Excel 的计算能力，在这种情况下，应该使用专业仿真软件计算，如 llamasoft(制模软件有限公司，2020 年被 Coupa(美国一家金融软件公司)收购)、蓝幸和 Anylogistics(建模仿真工具)等。

我们来看某深圳客户的一个仓网优化案例。

原本深圳客户的主要供应地是东北和内蒙古，优化后主要供应地改成唐山和天津，虽然原料调拨成本提高了 30 万元，因为公司需要从东北和内蒙古调拨原料到唐山和天津进行生产，但是供应链中后端生产成本降低了 87 万元，配送成本降低了 180 万元，通过仿真软件计算，公司成功实现了物流总成本降低 237 万元。

除了通过以上介绍的方法或软件模拟计算设仓地点，在决定设仓地点时，企业还应考虑以下三个因素：

(1)不同地点设仓所需的资金成本和运营成本；

(2)当地的基础设施和路况；

(3)预计未来的业务变化和成本变化。

第二节 四种常见的运输方式和计费方法

自从车轮发明以来,随着人类不断加快探索世界的脚步,运输方式一直在向前发展。从最初人力小推车式的陆运,发展到由卡车主导的公路运输,再经大航海时代得到发展的海运,直到近代出现的铁路运输与航空运输,我们的选择越来越多,我们的烦恼也越来越多,例如时效与运费的最优比,运力的波动和运费的控制等等,可见,物流早已不是送货上门那么简单。

在本节,我们将从常见的运输方式开始研究,逐步掌握物流管理方法。

常见的运输方式有四种,分别是公路运输、海路运输、航空运输和铁路运输,它们各自有何特点呢? 下面逐一解析。

1. 公路运输

在传统的物流观点中,公路运输适用于短中途距离运输,它的优点是,可以到达通公路的任何地方,哪怕是偏远乡村;但它的问题是,相对于海运,它的成本较高,相对于空运,它的时效性不强。

常见的物流货车大致分为厢式货车、高栏车、平板车及小型双排货车,每种车型又分微型、小型、中型、大型货车,实际尺寸因车而异。

公路运费的常用算法是:

$$运费＝货物重量×运输距离×费率＋提送货费$$

2. 海路运输

海路运输是商品交换中最重要的运输方式之一,货物运输量占比超过 80%,适合运输的货物种类繁多,包括大型设备、化学品、大宗物资和集装箱货物等,但不适合运输时效性要求较高的货物。

它的优点是借助天然航道,载货量大且运费低廉(非爆仓情况下);但它的缺点是相对于其他运输方式的时效性最差且容易延迟到货,到港后需要接驳。

海运费通常按照班轮运价表的规定计算，不同的班轮公司或不同的轮船公司有不同的运价表，但它们都按照各种商品的不同积载系数、不同的性质和不同的价值结合不同的航线加以确定。班轮运费由基本费率和附加费两个部分构成。

（1）基本费率。

是指每一记费单位（如一运费吨）货物收取的基本运费。基本费率有等级费率、货种费率、从价费率、特殊费率和均一费率之分。

（2）附加费。

为了保持在一定时期内基本费率的稳定，又能正确反映各港的各种货物的航运成本，班轮公司在基本费率之外，又规定了多种费用。

①燃油附加费：在燃油价格突然上涨时加收。

②货币贬值附加费：在货币贬值时，船方为实际收入不致减少，按基本运价的一定百分比加收的附加费。

③转船附加费：凡运往非基本港的货物，需转船运往目的港，船方收取的附加费，其中包括转船费和二程运费。

④直航附加费：当运往非基本港的货物达到一定的货量，船公司可安排直航该港而不转船时所加收的附加费。

⑤超重附加费、超长附加费和超大附加费：当一件货物的毛重或长度或体积超过或达到运价本规定的数值时加收的附加费。

⑥港口附加费：有些港口由于设备条件差或装卸效率低，以及其他原因，船公司加收的附加费。

⑦港口拥挤附加费：有些港口由于拥挤，船舶停泊时间增加而加收的附加费。

⑧选港附加费：货方托运时尚不能确定具体卸港，要求在预先提出的两个或两个以上港口中选择一港卸货，船方加收的附加费。

⑨变更卸货港附加费：货主要求改变货物原来规定的港口，在有关当局（如海关）准许，船方又同意的情况下所加收的附加费。

3. 航空运输

航空运输是最为快捷的运输方式，适合运送重要物品、贵重物资和易腐烂商品,但由于航空管制,对于易燃易爆品,如锂电池,无法进行航空运输。由于空运费用最高,因此占到运输方式的比例最小。与海运一样,空运货物到港后也需要接驳,而且由于容积和运力有限,不适合大型物资运输。由于易受天气和运力的影响,空运还有航班临时变更或取消的问题。

空运费主要按重量分级计算,这个重量不仅是指物理上的重量,还会考虑体积折算的重量。航空公司规定,在货物体积小、重量大时,按实际重量计算,业界一般称这种为重货;在货物体积大,重量小时,按体积计算,业界一般称这种为泡货。实际重量和体积重量之中会选择较重的一方作为航空公司的计费标准,也因此称为计费重量。

也就是说,如果体积重量＞实际重量,则计费重量＝体积重量;如果体积重量＜实际重量,则计费重量＝实际重量。

那么体积重量和实际重量是怎么换算出来的?

航空公司规定 1 立方米的货物标准重 167 公斤,即 1 立方米折重 167 公斤。

计费公式:

体积重量＝立方数×167 公斤或者长(厘米)×宽(厘米)×高(厘米)×件数/6 000

例如,当航空公司接受一件货运的运输,该货物毛重 100 公斤,体积为 1 立方米,那么计费重量为 167 公斤,航空公司会按此划入相应的价格段来计算运费。价格段一般分为 45 公斤、100 公斤、300 公斤、500 公斤和 1 000 公斤。如果货物毛重 23公斤,就按 45 公斤的价格段来计算运费;如果 76 公斤就按 100 公斤的价格段来计算。

4. 铁路运输

铁路的费用与时效介于公路和海运之间,它的优点是相对于公路运输,铁路运输适合更长距离运输,如中欧国际铁路,而且铁路运输受恶劣天气影响较小,时效性容易得到保障;它的缺点是基础设施投资巨大,运输中的剧烈震荡可能给货物带来较大的损害,而且铁路运输也需要转公路运输完成最后一公里的接驳。

铁路能够承运的货物种类非常多,有通用集装箱、集装货物箱、罐装集装箱、冷藏集装箱和牲畜集装箱。

铁路的运费相比海运费和空运费要稳定得多，大约是海运费的两倍，具体费用要根据集装箱的大小和线路的起始向铁路运输部门询问。

综上所述，由于公路运输、海路运输、航空运输和铁路运输各有优缺点，且海路运输和航空运输会经常出现运力不足、运费暴涨的问题，企业需要不断考察运力市场，与优质物流服务商合作，对服务的准时性加以考核，按需选择最合适的运输方式。

四种运输方式的优劣势对比见表 8-1。

表 8-1　四种运输方式的优劣势对比

运输方式	时效性	费　用	载货量	接　驳	不确定性
陆运	中	高	中	无	小
海运	低	低	最高	有	最大
空运	最高	最高	低	有	大
铁路	高	中	高	有	最小

第三节　第一方到第四方物流介绍

我们在工作中经常接触不同的物流商，其中既有夫妻店，又有货栈，还有跨国物流公司，如何区分它们的性质，理解它们的作用呢？

我们需要了解第一方、第二方、第三方与第四方物流的概念。

第一方物流是指企业自己进行物流运输，而不使用社会化的物流服务。例如，某工业园区内有一家专做劳保用品的经销商，其客户遍布园区，每天都能做到满载货物沿途送货。因为该行业门槛低、竞争激烈，客户仅凭最低价决定订单给谁，所以该经销商选择自己雇用司机、购置货车，而不是选择货运公司或快递公司，以便把物流成本降到最低，从而保证区域范围内的最低价。由此可见，第一方物流的优势在于，企业能够在满载的情况下把直接的物流支出降到最低；其劣势在于，企业需要承担与司机和货车相关的安全责任，一旦出现事故，得不偿失，而且，一旦销量下降，就会产生运力下降、单件运费上涨的风险。

第二方物流是指那些为企业提供运输、仓储等单一服务的物流公司,如跑专线的货栈。例如,某公司需要从北京发一托盘货物到沈阳,如果通过第一方物流,运费至少需要 2 400 元(过路费为 700 元,燃料费为 1 400 元,司机工资为 300 元,车辆折旧不计);如果通过第二方物流,即北京到沈阳的专线,则只需支出 700 元(提货费为 200 元,载货费为 200 元,送货费为 300 元),而且不用承担与人员和车辆相关的安全责任。由此可见,相对于第一方物流,第二方物流的优势在于,企业可以将某一线路的货物集中起来,大大降低单件运输成本,而且企业不用承担安全责任;其劣势在于,企业需要管理多家专线运输公司以便形成运输网络。

第三方物流是指企业把原本由自己管理的物流活动以合同方式委托给专业物流服务公司,同时通过信息系统与物流服务公司保持密切联系,以达到对物流全程管理和控制的一种物流运作与管理方式,即由买卖双方之外的第三方完成货物的运输、搬运、包装、储存等工作。例如,位于沈阳的华晨宝马公司曾经把自己的零部件和整车运输及仓储业务统一外包给中外运国际物流有限公司,通过中外运国际物流有限公司的物流管理实现零库存管理。由此可见,第三方物流的优势在于,第三方物流公司可以提供一站式物流服务,企业无须投入精力管理系统,适用于大型企业;其劣势在于,单价比第二方物流高。

第四方物流是指在第三方物流的基础上,集成商充当客户与其供应商之间物流信息的唯一管理人,通过进一步整合不同资源的第三方物流商、技术创新、流程优化、战略筹划、效率提升等增值服务,不断优化客户的供应链。例如,大众汽车曾经将全球的陆海空物流整体外包给德莎,而德莎通过自己的供应链整合系统管理下包的区域第三方物流服务商。德莎不但为大众汽车提供运输和仓储服务,而且通过算法优化,为大众提供循环取货等增值服务,有效地降低了大众汽车的物流支出。由此可见,相对于第三方物流,第四方物流的优势在于全球化供应链整合,适用于跨国企业;其劣势在于,第三方物流在服务和系统上正在不断接近第四方物流,规模没有那么大的企业仍然倾向于采用第三方物流。

第四节　循环取货的优点和准备工作

循环取货也称为 Milk Run,不是牛奶快跑的意思,是指一辆卡车按照既定的路线和时间依次到不同的供应商处收取货物,同时卸下装载货物的容器,并将所有货物送达生产商仓库或生产线的一种公路运输方式,像极了牛奶公司每天清晨挨家挨户到牧民家收购牛奶的场景。

该运输方式适用于小批量、多频次的中短距离运输,应用较为广泛。

该运输方式有三个优点,分别是:

1. 有效减少散货发运,提升货车利用率;

2. 由于提供循环取货的第三方物流公司往往管理能力强,操作规范,因此运输时效和运输质量将得到提升;

3. 逐年推行下来,客户将看到物流费用的节降。

那么,推行循环取货前,企业要做好哪些准备工作呢?

有以下三项准备工作,分别是:

(1)要求供应商统一料箱的规格,或由客户购买料箱,供第三方物流和供应商周转使用。否则,如果各家供应商都使用不同规格的料箱,会降低货车利用率,增加操作复杂度,使得循环取货的结果大打折扣。

(2)要求供应商降价。因为绝大多数客户在实施循环取货之前都以完税交货(delivered duty paid,DDP)的条款采购,意味着采购价格包含运费。实施循环取货之后,客户将支付运费给第三方物流公司,与供应商的贸易条款需由完税交货变更为工厂交货(EX Works,EXW),需要采购与供应商谈降价。如果供应商不愿配合,会令循环取货的降本效果大打折扣,甚至得不偿失。

(3)合理设置时间窗,明确各方责任。循环取货的运行需要严格遵守时间窗,例如 9:00～9:30 在 A 供应商处卸下空箱、装载零件,9:30～10:30 在途,10:30～11:00 在 B 供应商处卸下空箱、装载零件等等。因此,时间窗的设置是否合理,第三方物流和供应商应该承担什么责任,都需要事前明确,一旦出现异常,各方要及时协调处理；一旦造成损失，要有明确的责任方赔偿损失。

总之，循环取货是一种较为先进的提升货运效率、降低物流费用的运输方式，但实施循环取货的前提是，客户在区域有一定的采购量，对供应商有一定的管控能力，能找到具备循环取货管理能力的第三方物流，自身的物流管理较为规范，只适合规模企业应用。

🖥 小明的故事 ◤

天波公司的物流外包战略

在与采购部经理小李一起把采购计划做精做细之后，小明又来到了物流部，与物流部经理和员工座谈。

"首先我要向大家道歉。自上任以来，我一直在与其他部门研究改善供应链的方法，没有抽出时间与大家谈心。"小明知道卓越的领导者应该把姿态放低，尽快赢得员工的信任。

"接着我要感谢大家，很多同事几乎天天加班，为了订车、报关，确保按时把产品送达客户手中。"说着，小明用充满敬意的目光环视了在场的所有员工。"那么今天，我想知道大家是怎么管理物流工作的，存在哪些痛点问题，让我们集思广益，一起改善公司的物流管理。"在一番客套之后，小明说出会议目的。

物流部经理清了清嗓子说："我先来介绍一下现在物流部的运作。物流部安排运输完全听从销售部的指令。对于出口订单，销售部会给报关员发送指令函，包括品名、时间、数量、目的地等一切必要信息，报关员再进一步收集信息，制作报关单，安排拖车；对于国内订单，销售部会在成品入库前提前一天通知物流专员安排运输。"

小明听着有些奇怪，于是发问："我对物流管理不太熟悉，肯定没有你们专业，但是我有几个顾虑，想请教一下：

(1)运力计划是怎么来的？

(2)无论是出口订单还是国内订单，销售部给你们安排运输的提前期会不会太短？

（3）物流费用是怎么控制的，稳定吗？"

这三个问题貌似漫不经心，实则切中要害。

还好物流部经理很了解业务，一一详细解答：

"（1）运力计划是从主计划分解而来的。每一次拿到主计划和相应的运输路线，我们都会分析需要的运力，如果发现现有供应商的运力不足，就会引入新供应商，所以总体情况可控。

（2）销售部给我们用来安排运输的提前期在平日里不是问题，除非遇上不可抗力。现在主要问题是在临近春节的时候，很多物流公司会提前15天停止服务，这个时候销售要求紧急发运令我们很为难，每次都要哀求仅有的几家物流公司来提货。之前还出现过物流车来了，生产部没入库的问题，在您上任之后，狠抓计划执行和库存管理，而且还给排产计划和物流计划3天锁定期，有了更大的确定性，现在基本没有不及时入库的问题了。

（3）关于物流费用，陆运的费用很稳定，只是在紧急发运的时候，如果很难找到车，可能会增加一点费用，现在销售紧急增单的情况比以前少了，所以增加费用的总金额不大；海运的费用近几年增长很快，而且拖车的费用也在涨。"

听着物流部经理的汇报，小明赞许地点了点头，说："跟我预想的情况差不多。关于节假日订车难的问题，我会向销售部反馈，了解客户那边的情况，提前与客户的采购计划协同，然后调整生产计划，保证在物流公司停运前完成生产、入库和发运。"

"刚才你提到需要报关员订船、提报、订拖车，我突然想到，物流部为什么要管理这么多琐碎的事情呢？"

"这是个好问题。天波公司在建立之初，由于业务量不大，当时倾向于自己来管理物流和关务等环节，以确保业务可控。但是现在我们的体量大了，其实可以与专业的物流商合作，先把关务管理外包出去，再把国内运输外包出去，还可以把全国布局的仓网打包外包出去，逐步将物流管理的职能从操作层转变为物流预算管理和分包商管理等战术层。"

"我认为完全应该这么做，毕竟物流业务不是天波公司的核心业务，再这么管下去,我们只会投入越来越多的资源做缺少价值的事情,不如外包出去,让物流商调配资源,我们考核费率、及时送货率和服务满意度就行了。你来牵头找几家物流商,看看他们擅长的路线和拥有的运力与我们需求的契合度。另外,小李那边在推VMI的事情,也需要与物流商合作,或许可以一起打包,谈个好价格。"

小明的聪明之处就在于善于利用优质资源,让专业的人做专业的事,而不是闭门造车。

小明的故事

天波公司的循环包装管理

就在小明认为天波公司的卓越供应链管理体系基本搭建完毕之时,采购部经理小李突然找上门来。

"领导,我想反映一个采购部的痛点。"小李一脸严肃地说。

"又缺料了?"小明猜测。

"最近供应市场很稳定,再加上我们实施了战略备货机制,我早就不担心缺料了。"小李回答。

"那么,采购部还能有什么痛点呢?"小明不解。

"领导,你可能没注意到循环包装的事。最近几年政府都在提倡环保,我们公司也在逐步使用循环包装给客户发货,但是,我这边经常收到循环包装的紧急采购申请,一旦循环包装的供应商来不及交货,就会导致生产停线,责任都推给采购部,你说冤不冤啊?"

小明略加思索,询问:"现在哪个部门负责给你提采购申请?"

"有好几个部门。例如销售、项目、生产还有计划。"

"这不乱套了吗? 不是应该归口到计划部,由计划部专人专管循环包装吗? 销售部为什么要自己提采购申请?"

"销售部可以说有的客户需要定制特殊的循环包装,我们标准的循环包装有的客户不接受。"

"销售部应该报给计划部，由计划部统一管理。那么，项目部为什么自己提采购申请？"

"新项目研发期做出的样品需要存放。"

小明摇摇头说："真是乱弹琴，项目部应该找计划部调拨循环包装，不应该直接找采购部。那么，生产部是个什么情况？"

"生产部需要做技改，买循环包装做测试。"

"这也应该通过计划部。"

小李点头说："对。我也不知道前端这些部门怎么搞的，但是我感觉计划部的管理也有问题。其实作为采购部，我只要能提前收到循环包装的采购计划就好。例如，未来一个月，各种循环包装各采购多少，这样我就可以提早下发采购订单，保证按时到货。"

小明思考了一会，说："按说循环包装的管理与物料的管理差别不大，无非就是多个管理逆向物流的过程，这其中涉及的仓储点较多，有不同客户的不同工厂，天波公司的不同工厂和在途、在库、在车间库存，通过系统应该管得过来。至于说给采购部一个月的计划，这根据主计划增加的产量来估算就行，不需要太准，有个大概，能够满足增量就行。

这样吧，我找计划部经理问一问情况。"

"好，我确实不知道计划部的痛点到底在哪里。"说完，小李转身离开了小明的办公室。

小明接着把计划部经理请过来，通过了解情况，终于发现问题所在。

原来，有两个原因导致循环包装难以管理，分别是：

（1）在对物料编码时，为了省事，所有的循环包装只给了一个编码，这给计划部记账带来很大麻烦。虽然后来计划部自己出了一套编码并印在每个循环包装上，但是这导致系统一套账，人工一套账，在实物管理中稍有纰漏，就得重新盘点，很麻烦。

（2）与客户对接逆向物流的是销售部而不是计划部，有的客户信息提供及时，有的不负责任，更有的客户会做内部调拨，就是把天波公司的产品从 A 工厂调拨到 B 工厂,那么相应的循环包装也就放在了 B 工厂。而在天波公司的账上,由于不知情,循环包装仍然放在客户的 A 工厂,导致账物不符。

这些不确定因素造成了计划部的循环包装调拨计划做不准,一旦临时发现循环包装不够,就只能申请紧急采购,这就是采购部痛点的根因。

如何解决呢?

第一条好办,改变编码规则,让每一种循环包装都有自己的编码,并记录在系统中,与物料管理一样;

第二条需要与客户进行逆向物流协同。首先由计划部起草循环包装逆向物流管理办法,写明需要客户帮忙保管循环包装并按周告知包装的数量和存放地点,以便计划部及时安排车辆取走。如果客户不愿配合,对于大客户,需要销售部委派客服人员在客户现场按周盘点循环包装并汇报;对于中小客户,由计划部做记录上报财务部和销售部,由财务部扣减客户的信用分数,影响销售部的报价和排产优先级。

除了以上两条,小明还想到需要对循环包装的回货排序,应当先找客户回货,再找供应商回货,再从产线调拨,最后实在不够了,才提采购申请购买。

另外,针对采购部紧急采购太多的痛点,小明要求由计划部归口统筹循环包装的采购申请。在测算循环包装的数量时,计划部要考虑供应链的不确定性,尤其是客户需求的不确定性,适当增加持有数量,同时按照主计划的展望期,至少提供三个月的采购预测给到采购部,以便指导循环包装供应商备货。

就这样,一个令供应链不时感到阵痛的逆向物流管理问题迎刃而解。

第九章 供应链数字化管理

在本书的开篇,笔者提及,向卓越供应链管理转型是企业实施供应链数字化管理的前提条件。数字化是将卓越供应链管理的业务、规则和机制固化在信息系统中的技术手段,目的是实现卓越供应链管理的在线化、标准化和自动化运营,再通过与外部大数据集成,从而实现智能化管控,最终高效提升卓越供应链管理的效率、可视化和管控力,这对大型企业十分重要。

为了帮助大家理解数字化对卓越供应链管理的重要作用,在本章,笔者将介绍自己对供应链数字化管理的认知和当前热门的供应链控制塔。

卓越供应链管理的数字化应用如图 9-1 所示。

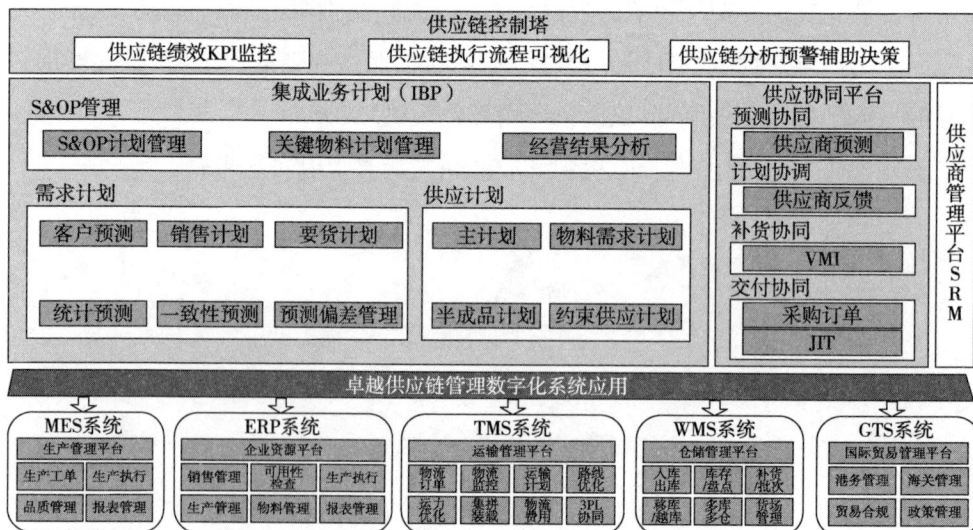

图 9-1 卓越供应链管理的数字化应用

第一节　浅谈对供应链数字化管理的认知

如果全球供应链产生了巨大波动,如何通过数字化系统打造实时透明的供应链,以便快速了解情况、作出决策,业已成为各大公司关注的焦点。

随着一些灯塔工厂的建立和标杆项目的实施,数字化转型对很多企业变得越来越迫切,于是有很多学员问:"姜老师,你怎么看待供应链管理的数字化转型?为什么很少从公众号读到这类文章?"

与大家一样,笔者也是这场变革的见证者。笔者的认知经历了"这是新瓶装旧酒""有点意思""原来是这样""原来要这么搞"四个阶段,现在写一写,倒也有趣。

第一阶段"这是新瓶装旧酒"。

大家是否记得,在"数字化转型"成为热搜词之前,上一届的热搜词是"互联网+"。

两者有何区别呢?

笔者的理解是,"互联网+"的背后主要是基于 SaaS 技术(SaaS,是 software as a service 的缩写,字面意思是软件即服务,是指通过网络提供软件服务)的 ERP 系统。相比于企业自己搭建 ERP 的硬件与网络投入,SaaS 具有一次性投入低、启动快、适用于所有企业等特点,是一种技术变革和创新应用。

因此,在数字化转型流行之初,很多机构把"互联网+"改头换面,说它就是数字化转型,令笔者嗤之以鼻,便有"原来这是新瓶装旧酒的感觉"。

第二阶段"有点意思"。

时光飞逝,很快,笔者发现各大权威的咨询公司和研究机构也开始宣传数字化转型,而且介绍了一些应用案例和应用工具,笔者这才意识到,数字化转型与互联网+不是一回事。

就拿 O9 Solutions(一家以人工智能为驱动的集成计划和运营解决方案供应商)在主页上分享过的供应链控制塔工具演示视频来说,通过订单、物流、计划等数据的接入,可以让计划员看到每一票货的实时状态并模拟不同指令对供应链计划产生的不同影响，指导计划员选择最优方案，令笔者大开眼界。原来，如果说 ERP 系统是企业内部数据的整合和处理，那么数字化转型是对内外部数据的大整合和大处理。有的读者会问："了解物流的实时状态，模拟未来的计划有什么难的？计划员只要细心都能做到。"如果你在中小公司，货量不大、计划不多，用人做事即可，但问题是，如果你在大公司，尤其是多工厂、跨国，甚至跨大洲的世界级企业呢？供应链能靠人脑来管吗？这个时候，供应链控制塔就会起到重大作用。引用一位供应链管理大咖的话："采购部门吭哧吭哧一年省下的那点钱，不够一次计划事故浪费的。把计划做准了，交付稳定了，库存降低了，呆滞减少了，比采购部门一年节省3~5 个百分点强多了。"

事实就是这样。通过 O9 的分享和大咖的指点，笔者对数字化转型有了感性认知，发现这事"有点意思"。

第三阶段"原来是这样"。

在深入了解之后，笔者对数字化转型的认知也更加全面，例如数据中台的应用（数据中台没有固定的功能和形态，而是根据不同企业的要求定制，它与数据库的区别是，能够支持企业的不同前台门户和业务需求）和风险预警的应用（链接法务、财务、自然灾害等信息，对供应商的各种风险评估和预警），以及一些大宗物资的市场价格合理性的分析工具等，让笔者明白了数字化转型在供应链管理起到哪些作用，适合什么样的企业来应用。很显然，中小型企业还用不上，越大的企业越有用。

第四阶段"原来要这么搞"。

随着辅导工作的深入开展，笔者获得了真正看到数字化转型是如何在企业实施的机会，才发现，对于大多数国内企业来说，数字化转型还是一件比较遥远的事情。

为什么这么说呢？

很多企业只是简单地以为，只要花钱上了数字化系统，就能产生效果。

实际上完全不对。

请大家想一想，实施数字化转型的基础是什么？

表面上看是数字，包括数字的全面性和数字的质量，用白话说，就是数字全不全和数字对不对。

　　这背后又涉及供应链管理的组织对不对（很多供应链管理组织连数字化管理小组都没有，找个助理上传数据，往往错误百出），人员的能力对不对（能否驾驭业务场景和数字化系统，是否具备足够的洞察力和持续优化供应链管理的能力），数字对不对（有的供应链管理组织没有严格的数据治理，数字化转型之后同样无法提升工作效率和决策准确性），审批对不对（有的供应链管理组织审批链过长，部门间协调不畅，会让数字化转型带来的响应速度提升大打折扣）。因此，数字化转型只适合成熟度很高的供应链管理组织，能够帮助他们百尺竿头更进一步，让强者更强。对于管理相对落后的供应链管理组织，盲目上马数字化系统只会让企业花冤枉钱，绝无"弯道超车"的可能。打铁还需自身硬，较为落后的供应链管理组织应该首先完成卓越供应链管理转型，以一套计划驱动全链提效，提高管理成熟度，再考虑进行数字化转型。

第二节　为什么很多企业的数字化系统还不如 Excel 好用

　　供应链总监问："这批料到哪了？2 小时后生产要停线了！"

　　物料计划员答："已送达，等在检验那里。"

　　质检员答："已检验，等在入库那里。"

　　库管员答："根本就没收到这批物料。"

　　供应链总监怒问："给我打开系统，看看谁说的是真的。"

　　物料计划员、质检员、库管员异口同声答："系统查不到，因为都是先检验入库，后补系统。"

　　这就是企业供应链数字化系统使用不到位的典型场景。

　　辅导企业到现在，笔者发现一个有趣的现象，就是很多企业的数字化系统用得还不如 Excel。

　　笔者思考了很久，总结原因有三：客户不懂；小公司忽悠；没有管控。

1. 客户不懂

之前碰到一个客户，可谓数字化铁粉，任何业务问题都想通过数字化解决。例如，想要通过系统实现库容预警、统计交付绩效、管理样品、管理关务等等，但是它的系统只是最原始的 ERP 架构，只能满足最基本的进销存。

当顾问指出需要额外付费上 WM，SRM 等系统并做一些定制开发时，这个客户立即摇头说，看看现有系统能够实现到什么程度，结果就是客户的业务问题一个都没通过系统解决，管理水平没有提升，透支了未来的竞争力。

有的读者会说，这个客户太小气。笔者不这么认为。客户的主要问题是不懂数字化系统，对于实现功能所要付出的代价没有心理准备，对于顾问的建议不知道如何取舍，导致系统始终处于低水平运转，直到必须要上某个模块否则业务无法进行下去才花钱。但这又引出第二个问题——"小公司忽悠"。

2. 小公司忽悠

笔者一直崇信这样一句话："贵的东西唯一的缺点就是贵；便宜的东西唯一的优点就是便宜。"

对于系统也是一样。为什么那些头部的系统服务商的收费较高，而一些小公司的收费较低呢？难道真的是小公司管理费低吗？

不是的。与头部系统服务商合作，客户买的是保障。大公司有着完善的系统实施流程和丰富的行业实践经验，会给客户带来认知以外的提升，而且很多大公司把客户关系看得很长远，甚至在系统实施的过程中主动帮助客户优化业务规则；而小公司往往容易抓住客户嫌贵的心理拿单，在系统实施时不注重客户的行业特性，如果客户不提要求，个别小公司就会闷声发大财，本来大公司要做 6 个月 900 万元的合同，小公司做一个月 300 万元搞定。试问，哪个更划算？

如果哪个客户觉得 1 个月 300 万元实施一套数字化系统划算，就等着自食恶果吧。因为系统内的很多业务逻辑在交付时甲方注意不到，在使用一段时间后才发现问题。例如，有些客户指定物料要单独编码，系统要实现一物多码管控，但小公司在实施系统时为了省事，采用一物一码的系统管控模式，客户对于一物多码的管控就无法通过系统实现，还得走回 Excel 管理的老路。

等到系统用久了，客户才发现系统的逻辑越来越不符合业务需要，还得花费人力、物力和财力重新改造。试问，这到底是省钱了还是费钱了？

3. 没有管控

很多时候，客户愿意花钱，请的也是头部系统服务商，但系统还是用不起来，这是为什么呢？

究其原因，就是没有管控。

对于企业和个人来说，上系统本身就是一场管理变革，系统的好处是实现标准化和可视化管理，目的是管控违规操作。

例如，销售必须要在系统中建立销售订单，生产才能开工单，但有的时候，客户只是邮件说明订单在走流程，请求销售部先安排生产，有的销售人员就会邮件通知生产部排产，事后在系统中补订单。很明显，这样操作会给企业带来极大的经营风险，一旦客户取消订单，成品就会呆滞，这个损失由谁来背呢？

因此，借助系统，这些违规操作都应该被一一识别和管控。销售人员如果一味地迎合客户，换来的就是客户的轻视，会产生越来越多的违规操作。面对这种情况，销售人员应该在系统规则的逼迫下，向客户主动解释并勇敢说"不"，让这家客户明白，如果想要从这家供应商买料，就必须发订单。一两次之后，客户就会按照规则订料，企业的经营风险也就没有了。

对于物料的接收、检验和入库也一样，要通过扫码等方式做到实时管控，缩小或避免先入库后录系统的时间差，系统才能用起来。

曾有一位数字化系统咨询大咖做过这样一个形象的比喻。他说好的系统就如同好的设备，需要有专业的团队负责安装和调试，由专业的人员进行维护保养，才能把设备的产能和功能用到极致，给企业带来最大效益；同样的，ERP 及外挂系统（TMS、WMS、SRM、APS 等）和其他定制开发系统虽然看不见摸不着，但也是辅助公司业务管理的重要设备，需要专业的外部团队指导实施，和专业的内部管理团队正确管控、引导、使用和适时的升级。最简单理解，很多客户在购买设备时，知道要买最好的设备并做最精心的保养才能给企业创造最大价值，那么，在选择数字化系统和实施团队时，怎么就舍不得投入了呢？ 在这样一个竞争白热化的时代，如果数字化系统建设的速度慢了,就会导致企业被行业头部企业甩在后面,所谓一步慢,步步慢。

第三节　供应链控制塔的作用和演进

近几年,随着供应链的突发事件不断增加,供应链管理正在变得越来越复杂,供应链管理人员需要总览整个供应网络,统筹所有环节,确保计划按预期执行。在这种情况下,数字化供应链控制塔成为最佳解决方案。

关于供应链控制塔的概念,至今没有形成一致的定义,以下列举高德纳、埃森哲、凯捷咨询和 SAP 的定义。

(1)高德纳的定义:物流控制塔是一个物理或虚拟仪表板,能够提供准确的、及时的、完整的物流事件和数据,从组织和服务的内部和跨组织运作供应链,以协调所有相关活动。

供应链控制塔是提供供应链端到端整体可见性和近实时信息与决策的概念。

(2)埃森哲的定义:供应链控制塔是一个共享服务中心,负责监控和指导整个端到端供应链的活动,使之成为协同的、一致的、敏捷的和需求驱动的供应链。

(3)凯捷咨询的定义:供应链控制塔是一个中心枢纽,具有所需的技术、组织和流程,捕捉和使用供应链数据,以提供与战略目标相一致的短期和长期决策的可见性。

(4)SAP(德国一家软件公司)的定义:供应链控制塔是一种云解决方案,利用人工智能、机器学习和物联网等先进技术主动管理供应链。供应链控制塔可以实现企业整个供应网络(包括供应商、制造商和业务合作伙伴)的端到端实时可视性,帮助企业应对未知情况,针对可能出现的各种变化未雨绸缪,预防供应中断和风险。

虽然它们对供应链控制塔的定义侧重点各不相同,但是却达成了以下三点共识:

(1)供应链控制塔不是一个实物,而是一个具有供应链认知和管控能力的虚拟概念;

(2)借助于数字化智能技术,供应链控制塔能够管理一个或多个供应链;

(3)供应链控制塔提供端到端的无缝整体可见性,提供实时数据分析,及时解决问题,有助于提升供应链的敏捷性、协同性和一致性,是企业实现数字化转型的关键组成部分。

想要实施供应链控制塔,企业首先要评估自己的数字化供应链管理成熟度,这样才能明白差距在哪里,再制定相应的提升计划。

可以按照以下四个阶段对标评估:

阶段一,实现自动化工作和协作,提高部门间的协同和可视化,前提是全公司拥有拥抱数字化的愿景;

阶段二,实现端到端的数据可视化,供应链网络中的所有参与者相互可见并协作,前提是供应链存在于网络中;

阶段三,实现客户需求完全、实时集成到供应链中,需求信号在整个供应链中被感知并发挥作用,前提是数字功能延伸到客户接触点;

阶段四,网络能够感知和预测供应链中的需求或中断,前提是企业具备强大的数据处理能力,包括商业智能、预测分析、机器学习和网络智能。

很明显,只有当一家企业的数字化供应链管理成熟度达到第四阶段,才具备使用供应链控制塔的条件。

那么,供应链控制塔是如何实现供应链"指挥中心"的功能呢?

答案如图 9-2 所示。

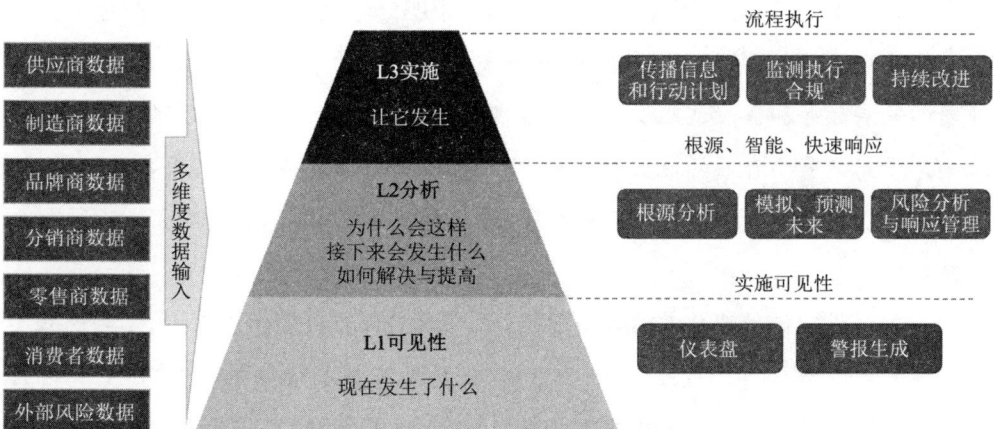

图 9-2　供应链控制塔的指挥功能

首先，供应链控制塔整合供应商、制造商、品牌商、分销商、零售商、消费者和外部风险数据，通过仪表盘实现供应链的可见性，让使用者知道"现在发生了什么"；其次，供应链控制塔利用数字智能技术对问题进行分析，并模拟和预测未来的场景，通过风险分析与相应管理寻找解决问题的最佳方案，让使用者知道"为什么会这样""接下来会发生什么"和"如何解决与提高"；最后，供应链控制塔能够监控信息的传播和行动计划，监测执行的合规性并推动持续改进，让决策发生。

目前已经有很多世界 500 强企业或行业冠军企业正在使用和优化供应链控制塔，如联想、巴斯夫、美的、小米、京东、菜鸟等。

很明显，供应链控制塔会给供应链管理带来极大的可视性，并辅助供应链管理者作出最有利的决策，有效规避供应链的风险。希望在不久的未来，随着企业数字化管理水平的不断提升，数字化管理的成本不断下降，更多企业可以通过供应链控制塔管理供应链，减少供应链的不确定性。

🖥 小明的故事 ◤

小明的述职报告

不知不觉间，时光在主持会议、讨论问题、研究解决方案和监控绩效指标中悄然而逝，在任职供应链管理总监的六个月后，小明终于迎来了第一次述职报告。

报告当天，阳光甚好，微风不燥，一片美好祥和的景象。怀着喜悦的心情，天波公司的高层领导和供应链组织的部门经理们按时来到会议室，按照职级先后落座。

为了充分展示自己的能力和贡献，小明精心准备了这样的汇报内容：

"首先，我要感谢总经理、销售总监、财务总监和各位部门经理的信任和大力支持。

在初为供应链管理总监的六个月里，按照卓越供应链管理框架，我先后确立了供应链管理战略，优化了供应链管理组织，设计了绩效指标体系，通过建立和运行一系列规则和机制协同了长中短期的销售计划、库存计划、要货计划、主计划、生产计划、物料需求计划、采购计划和物流计划，降低了库存，优化了逆向物流管理，扭转了各部门各自为战的旧局面,打开了由一套计划牵引全链的新局面。

具体来说,在需求管理端,我们已经找到了与主要客户协同的方法和对需求预测偏差分析的方法。相信在经历一段磨合期后,销售预测准确率会逐步提升到令人满意的程度。

在订单履行端,我们梳理了不同级别客户的标准交付周期,按不同优先级区分管理。

在产销协同端,我们建立了产销协同机制,包括各参与方的议题、职责、会议和日历。作为产销协同的输出物,我们规定了主计划的内容、展望期、频次和颗粒度。

在集成计划端,我们建立了生产计划与生产排程的管控机制,规避了计划与执行"两层皮"的风险。

在采购计划端,我们从物料编码、供货管理、预测管理、战略备料、呆滞管理、交付管理和绩效考核等方面建立了精细化的管控机制,提高了物料交付达成率。

在库存管理方面,我们按照供应链的各个节点检讨了库存的合理性并对造成高库存的问题排序,优先解决复杂度低、见效快的问题。

在物流管理方面,我们正在联系专业的物流商,希望通过外包的方式整合优质运力资源,提高管理水平。

对于循环包装的逆向物流管理,我们进行了专题研讨,出台了管理办法,优化了流程。

虽然与行业标杆相比仍有不足之处,但是随着管理水平的提升,我们已经看到供应链管理的各项绩效指标在优化,如客户订单准时交付率在提升、标准交期在缩短、库存水平在下降、呆滞库存金额在减少,这一切充分证明了在总经理的高瞻远瞩下,公司成立供应链管理部门的正确性,以及从传统供应链向卓越供应链转型升级的必要性。"

在汇报时,小明不忘归功于总经理,体现出卓越领导者应具备的情商。

"嗯,在这短短的六个月中,你做了很多工作,我能看到很多问题得到改善或解决,这些都是你和团队的功劳。"坐在最前排的总经理对小明精心准备的答卷十分满意,对小明的贡献十分肯定。但是话锋一转,总经理问:"接下来打算怎么做?"

对于这个问题，小明早有准备，于是继续侃侃而谈：

"接下来打算重点抓好五件事。第一件事是成立供应链管理卓越运营部，作为流程的管理者，负责建立流程和表单、监督流程执行、收集反馈意见并开展流程培训，将已经建立的协同规则、机制和方法先固化再优化，从而构建持续优化供应链管理的能力。

具体来说，要定义好四种角色：

（1）流程使用者是供应链管理组织内各部门的业务人员，负责提出业务需求、参与流程设计、参与流程落地；

（2）流程专家是各主要职能部门负责优化和固化流程的人，既要懂业务又要懂流程管理；

（3）流程决策者就是我自己，负责批准流程；

（4）流程管理者是即将成立的供应链管理卓越运营部经理，负责搭建流程框架，设计流程模板，组织流程评审，发布流程，审计流程，仲裁部门间的争议，开展流程培训，包括新员工培训、流程专家培训和全员定期培训。

同时，建立问题升级机制。如果流程专家无法解决流程使用者提出的问题，就可以升级，其中，如果是业务问题，流程使用者可以直接找我；如果是流程问题，流程使用者可以直接找流程管理者。通过闭环管理，确保公司发展过程中出现的新的供应链管理问题能够得到反馈，问题的解决方法能够被及时写入流程，而不像以前那样只会解决问题，不会优化流程，没有固化和推广优秀解决方案的机制，结果就是组织严重依赖人治，长期低效运转，无法适应VUCA时代的新环境和新形势。

第二件事是通过绩效考核机制和行业标杆对比，逐年提升完美订单达成率，逐年缩短交付周期。

第三件事是与供应链的战略目标对比，不断提升供应链的能力。

第四件事是规划数字化系统实施路径，在未来的两三年内，将流程和表单不断地通过数字化系统固化落地，提高供应链管理的工作效率、响应速度、可视化程度和管控力度，形成流程与系统的强相关和供应链业务的强管控，将公司的供应链管理水平提升到行业领先水平。

　　第五件事是通过发展员工能力和引进人才等手段加强团队能力,利用强大的执行力和专业度弥补流程和系统的不足,形成从人、流程到系统的持续改善闭环,有力地支撑供应链发展战略及企业发展战略。"

　　"很好!就按你的想法来。小明,我也得向你学习,我们一起搞'一套计划',而不是'多套计划'。"小明的这番讲解彻底说服了总经理,总经理甚至不自觉地模仿起小明说话的语气。"需要什么资源直接来找我,如果人手不够就申请加人。供应链的效率每提升一点,天波公司在市场上的竞争力就会增加一点。我相信在你的正确领导下,天波公司对供应链的任何投入都会产生合理的回报。你们说是不是?"说着,总经理把脸转向坐在身后的销售总监和财务总监。

　　"说来惭愧,在这六个月间,我从小明那里学到了不少需求管理知识。在小明的指导下,销售部做预测的水平正在稳步提升,从供应链端能够得到越来越靠谱的订单承诺。今天听了小明的汇报,我认为供应链的整体管理水平确实提升了。我相信在供应链的强力支撑下,销售管理也会越做越好,我全力支持小明。"销售总监立即表态。

　　"我这更没得说,这一阵子在小明的主导下,库存水平持续降低,财务的资金压力缓解了不少,我还不知道怎么谢谢小明呢。"财务总监对小明不吝赞美之词。

　　就这样,依靠过硬的专业能力、卓越的领导力、诚恳的协同意愿和兢兢业业的实干精神,小明在短短的六个月中定战略、补能力、增指标、找差距、建机制、抓落实,带领供应链管理团队极大地提升了天波公司管理供应链的能力,并构建了持续优化供应链的机制,实现了从传统供应链管理到卓越供应链管理的初步转型,赢得了从总经理、销售总监、财务总监、供应链相关的部门经理到每一位员工的认可。

　　在以后的日子里,小明继续深入各个部门,及时了解各项机制和规则的适用性,并根据新的情况及时调整,不断提升供应链管理水平,同时不断实施和升级供应链管理相关的数字化系统,最终帮助天波公司成功打造标准化、专业化、精细化和数字化的卓越供应链管理体系,使天波公司的供应链管理成为行业领先标杆。

　　若干年后,在一个阳光明媚的周六下午,被天波公司公派到英国牛津大学攻读供应链管理硕士学位的小明来到牛津最古老的咖啡厅 The Grand Coffee(美味的咖啡，历史追溯到 1650 年），这是一家装饰金碧辉煌的传统英式咖啡厅，门口的两根海蓝色罗马柱给人一种沉静的感觉。进门之后，小明选了一个靠近橱窗的座位，点了一杯地道的英式红茶。喝着气味清香、口感苦涩的红茶，小明的思绪回到了从前。

回顾自己在皮经理的谆谆教导下，从懵懂无知的采购员，勇敢地一小步一小步向前迈，通过努力学习和勇于实践快速成长为业绩卓著的采购专家；之后，在皮总监的提携下，自己在错误中不断总结经验教训，快速成长为拥有卓越领导力的采购部经理；到现在，自己竭尽全力带领供应链团队将天波公司的供应链管理水平从各自为战转型升级为高度集成，小明悟出了一个再简单不过的道理：所谓成长，就是一分耕耘、一分收获。

所有人都不知道自己的未来会是什么样，哪里才是可以停靠的港湾，因此，很多人在心里放着一块沉重的大石头，每迈出一步都显得无比艰难。但是小明知道，路就在脚下，只有一次次地放下包袱，轻装上阵，才能一次次地邂逅不期而遇的美好。

小明相信，努力的人，运气都不会差。在人生的道路上，无论遇到顺境还是逆境，自己都要充满希望、勠力前行。真正优秀的人，都是拥有独立人格，喜欢自我挑战的人，都是通过持续不断的努力最终改变命运的人。

想到这里，小明从背包里拿出一张 A4 纸放在咖啡桌上，将上面的文字仔仔细细地读了一遍。原来，这是某世界知名咨询公司聘请小明担任采购与供应链管理咨询总监的 Offer，年薪百万。待遇远比天波公司的供应链总监优厚。但这对小明来说也意味着新的挑战，需要学习很多新的专业知识和咨询技巧，需要承担很多压力，需要快速完成从甲方到乙方的艰难转型。

面对全新的机遇与未知的挑战，小明将何去何从，又将发生哪些精彩的故事，获得什么样的进步与成长，让我们拭目以待。

第四节　卓越供应链管理成为企业赢得竞争的利器

到这里，相信很多读者朋友能够理解，所谓卓越供应链管理，就是以计划为龙头，以需求为源头，识别供应链中的约束条件和不确定因素，提前准备供应资源，制定跨部门协同的规则和机制，使得各段计划在产销协同和主计划的牵引下能够有序拉通，形成一套高效敏捷、规范标准、可执行、可复制的集成计划指导供应链各相关方合理配置资源并持续优化，绝不允许供应链的各相关方为了各自的利益互相扯皮、各自为战。

那么，在提升卓越供应链转型升级的过程中，企业应该做好哪些工作呢？

首先，企业需要贯彻"以客户为中心的全链思维"，通过领导的贯宣和专家的培训，使得公司上上下下所有员工都明白企业从传统供应链管理向卓越供应链管理转型的目的，从而在市场上更具竞争力；要让员工领悟从全链条看待供应链存在的问题的必要性，而不再仅从某个部门某个岗位看待供应链存在的问题。只有全员统一思想，供应链才有集成的基础。

其次，企业需要应用供应链管理能力评估模型，根据自己的供应链管理复杂度，评估自己欠缺的能力并规划构建提升能力的路径。

然后，企业需要聘用或培养专业人才，将供应链管理工作中遇到的常见问题转化为对供应链的不确定因素和约束条件的归纳和总结。要知道，企业向卓越供应链管理转型的主要目的不是解决某个具体问题，而是建立一套规则和机制，使之能够在企业的不同事业部和基地间复制，从而支撑企业的快速发展。卓越供应链的管理重点是对计划的管控，如建立产销协同机制。当计划管控到位了，很多执行层面的问题自然就被解决了。

在向卓越供应链管理转型的过程中，企业家要充分发扬变革精神，在发生争议时坚决给改革派站台并对关键转型问题作出决策。同时，企业家需要改变自己的思维方式和做事风格。只有企业家先成功转型，才能带领供应链成功转型。

至于如何建立合理的规则、机制和方法，请大家参考本书中介绍的所有从实践中总结的内容并加以运用。

  最后，我需要提醒大家，在持续优化供应链管理的过程中，企业一方面要积极实施先进的数字化系统，另一方面要依据"聚焦节点、逐级考核"的原则，设定合理的绩效考核指标，通过系统的实施和绩效的考核，让所有供应链管理问题得到充分曝光，再通过不断优化规则、机制、方法和数字化系统，打造一套行业领先的供应链管理体系，才能让卓越供应链管理成为企业在激烈的竞争中脱颖而出的利器。

后记　用一万小时成就自己，
用往后余生激励他人

2019年初是我人生中最灰暗的时刻。那时我刚满35岁，在职场上看不到任何希望。

正当家人和朋友安慰我说："这样也挺好"时，一万小时定律给我指明方向，它告诉我，人们眼中的天才之所以卓越非凡，并非天资超人一等，而是付出了持续不断的努力。一万小时的锤炼是任何人从平凡走向世界级大师的必要条件。如果按照一天八小时计算，一个人大约需要通过五年的努力才能完成一万小时定律。

受到一万小时定律启发，我很快申请了微信公众号"采购实战家专栏"，决心通过读书和写作，让自己在五年的时间里成长为国内一流的实战型采购与供应链管理专家。

在2019年，为了学习知识、锻炼写作能力，我有一半的天数是从晚上七点开始学习，直到凌晨三点才休息，第二天一早还要按时起床上班，曾自嘲为"凌晨三点的北京"。令我意想不到的是，在2019年下半年，也就是在我写了大约100篇采购管理的案例和方法时，国内知名的采购类网课平台"采购帮商学院"找到我，录制了点播量超过三十万次的视频网课"实用采购知识100讲"，该网课至今仍是全网采购管理类课程的销售冠军。

2019年底，在另一家合作机构——西子供应链管理俱乐部的联合创始人方老师的引荐下，人民邮电出版社的资深编辑陈宏老师联系上我，并于2020年7月出版了我的第一部畅销书《我在 500 强企业做采购：资深采购经理手把手领你入行》，该书是销冠网课"实用采购知识 100 讲"的文字升级版，一经推出，广受好评。

接着，出版社又约稿，并于 2021 年 2 月出版了我的第二部畅销书《采购谈判：高效赢得谈判的实战指南》，通过应用书中教授的二十个采购谈判战术，很多读者能够通过谈判立即获得额外的降本业绩。

2022 年 8 月，我的第三部畅销书《采购与供应链管理：采购人 1 000 天的奇迹》出版发行，这既是一部内容丰富的采购与供应链管理知识书，又是一部关于成长与励志的故事书，也是小明故事的第一部。

2022 年 9 月，我与采购实战家写作班中两位优秀的创作者——马江虹老师和孙林伟老师合著的《500 强企业采购基本功：询价、谈判、供应商管理、降本增效及风险控制》出版发行，帮助两位老师实现了写作和出书的愿望。

2022 年 12 月，我有幸翻译的世界知名谈判大师乔纳森·奥布赖恩先生的名著《采购与供应链专业人员谈判实战（第三版）》出版发行，这是一部 24 万字的谈判巨著，集世界谈判理论之大成。

2023 年 8 月，我的第四部畅销书《卓越领导力：实战型采购专家手把手教你做管理》出版发行，这是我阅读了 40 多部领导力著作，访谈了几十位采购高管并结合亲身经历创作的采购管理类书籍，包含所有采购领导者必备的员工管理、组织管理、流程管理、业务管理、战略管理、绩效管理、软技能和职业发展等八大模块的管理知识，也是小明故事的第二部。

本书是我从 2019 年开始收集整理、着手编写的著作《卓越供应链管理：以一套计划驱动全链提效》，这也是小明故事的第三部，标志着我的专业领域从采购管理拓展到供应链管理。

在践行一万小时定律的第五个年头，虽然自己依旧保持着刻苦努力的习惯，但是自己对于这个世界，对于他人，却有了认知上的改变。

某著作中有这样一句话：

"你永远不可能真正了解一个人，除非你穿上他的鞋子走来走去，站在他的角度思考问题。可真当你走过他的路时，你连路过都觉得难过。有时候你所看到的，并非事情真相，你了解的不过是浮在水面上的冰山一角。"

随着辅导的学员越来越多，渐渐地我发现，对自己严苛，对别人也严苛，是不对的。每个人都在不同的环境中成长，努力固然让人敬佩，但是生活中的点滴快乐同样值得珍惜。对于那些认可我的人，我应该对他们好一点。

学会接纳别人的缺点，学会创造生活中的乐趣，学会成就自己，学会激励他人。所谓激励他人，就是在别人做不到的时候说我做给你看，在别人做到的时候说你真行，在别人没想到的时候说可以这样想，在别人想到的时候说想要怎么做？

永远不要害怕失败，正如篮球巨星乔丹所说："我经历了失败、失败、再失败，但这就是我成功的原因。"很多时候，我们做一件事情不是因为想到了对的方法，而是因为想不到对的方法。

只有走过很多路，见过很多人，做过很多事，一个人才能克服自己的弱点，提升自己的能力，最终获得成长。

正如供应链管理的核心思想：协同与平衡，我们每一个人最终都要理解这个世界，理解生命，理解见过的每一个人，理解遇到的每一件事。只有理解，才能和解，才能统一人事物的关系，才能达到协同与平衡的境界。

随着年龄的增长，我对自己的要求也渐渐平和，也越来越愿意接受现在的自己，接受自己的年龄、身份、家庭、收入和命运的一切安排。从某种程度上讲，四十不惑的我，通过一万小时的努力，终于真心实意地接纳自己，获得心灵上的自由。

也许我的人生这样就可以了，也许在下一个五年还有新的奇迹发生，但是无论怎样，我都希望自己从三十五岁开始，通过持续不断的努力改变命运的事迹能够激励你，帮你坚定信念、鼓足勇气，迈出一小步再迈出小步，通过一万小时的锤炼，拥有属于自己的成就。

愿每一位读者都能早日成为自己的太阳，再也无须借助谁的光。

本书到此结束，我们下一本书见！